DESDE LAS RUINAS

[APUNTES]

DESDE LAS RUINAS

[APUNTES]

REFLEXIONES SOBRE EL OCASO
DE CHILE Y DE OCCIDENTE

*Cuando la distopía
se hace costumbre*

Recopilación de columnas publicadas en la revista
AURORA DE CHILE E HISPANOAMÉRICA
(2022)

Por
JAVIER ORREGO C.

AUTOEDICIÓN
TALCA 2023
Ω

CONTENIDO

EL DESAFÍO DE MANTENERNOS HUMANOS EN LA ERA POSTHUMANA

[DISCURSO FRENTE A LA TUMBA DE CHILE]

«En este año 2 de la Era Posthumana, Chile ya no es más una copia feliz del Edén.

«Se ha diluido el recuerdo del hermoso paisaje habitado por gentes de carne y hueso [y alma y espíritu y sueños].

«Ahora es tan sólo un *territorio* en proceso de descomposición; un pedazo de tierra habitado por *cuerpos* huérfanos, tirados en la playa después del tsunami homicida que lo arrasó todo desde sus entrañas.

«Los chilenos de hoy son como entes ajenos a la vida, meros organismos sin alma que merodean en círculos alrededor de sí mismos, con sus cuerpos ateridos, paralizados, enajenados, partidos en mil pedazos, vestigios apenas de lo que fueron o pudieron ser, pálidas cicatrices de una tierra moribunda.

«A Chile lo asesinaron los propios chilenos, previamente arruinados por la desidia y la codicia, la pereza, la ignorancia aprendida, el desánimo de la generación de caínes que todavía pulula por sus calles.

«Antigua tierra de gigantes, hoy yace taciturna, devastada por dentro y por fuera, aferrándose a las promesas vacías de los sacerdotes de la noche que propiciaron el sacrificio en el gran altar del anti-Dios al que adoran los agentes de la desintegración del alma nacional.

«Sí, el Mal ha sentado sus reales en el corazón de esta antigua tierra.

«A ustedes les hablo, herederos de los antiguos habitantes del fin del mundo. A ustedes, patriotas del teclado, adoradores de pantallas, ciborgs involuntarios, desprevenidos, acumuladores de libros, coleccionistas de citas y de memes, devotos del conocimiento estéril: no se necesita ser perverso para entregarse al Mal, basta con permanecer indiferentes, siempre igual a nosotros mismos, mientras nos extinguimos lentamente como la llama de una vela consumida por la falta de oxígeno; basta con permanecer impertérritos mientras se deshacen ante nuestros ojos los lazos que nos vinculaban con los grandes misterios del universo; basta con insistir en buscar la paja en el ojo ajeno mientras los muertos vivientes destruyen el mundo en el que nacimos, desmantelándolo todo, el lenguaje, las fiestas, los símbolos.

«Le has vendido el alma al Diablo si tan sólo te das por satisfecho con declararte en las antípodas de "los malvados". Si no construyes nada, conformándote tan sólo con permanecer aferrado con uñas y dientes a lo que construyeron otros, si no te transformas en co-creador del mundo en el que quieres vivir, eres tan sólo la otra cara del Dragón.

«Los condenas con tus palabras, sintiéndote puro y noble adalid de las grandes causas: la vida, la libertad, la familia, el orden, el estado de derecho, el sentido común… pero permaneces en la dinámica creada por los desguazadores del mundo, los destructores, los apasionados amantes del caos que consciente o inconscientemente se han comprometido con el impulso funesto de la involución de las almas en cuerpos, y de los cuerpos en datos y de los datos en polvo, hasta disolverlos en la nada.

«Pero tu corazón late al unísono con el corazón de los muertos. ¡También tú, hijo de tu tiempo, te has convertido en un zombi!

«Ahora tú, hombre precario, envanecido, viudo del Occidente agonizante, repite después de mí: SOY EL PRIMER RESPONSABLE DE PONER EN EL MUNDO LO QUE QUIERO VER EN ÉL.

«Porque en este año 2 de la Era Posthumana, el llamado de la Luz es a soltar los viejos esquemas.

«Es entre las ruinas del mundo que hemos de tomar consciencia de la necesidad de sembrar las semillas del mundo futuro. Es nuestra responsabilidad, nuestra misión. Los que aspiramos a permanecer humanos debemos, necesariamente, resurgir desde las cenizas.»

Alguien

CIVILIZACIÓN
VERSUS BARBARIE

Del libro *«Civilización y
barbarie»*, de Javier Orrego C.

Nos hemos acostumbrado a vivir en un estado de crisis permanente. Una tras otra, como una incesante sucesión de olas que descargan su furia contra el náufrago en medio de un mar tempestuoso, las crisis asoman interminables en el horizonte humano. Pareciera que los soportes vitales de la civilización tambalearan ante la siempre vigente amenaza de una serie infinita de contingencias fatales que podrían minar el delicado equilibrio de fuerzas que hacen posible la vida civilizada. Entre los múltiples peligros que frecuentemente se mencionan está, además de la endémica amenaza de una nueva guerra mundial, la supuesta catástrofe climática, la escasez de agua, la crisis energética, una cada vez más inminente debacle económica y una caída masiva de internet, evento que, entre otras cosas, provocaría la interrupción de las comunicaciones a escala planetaria y el colapso de las cadenas de suministro de servicios y mercancías, afectando, entre otras cosas, la provisión de alimentos en todo el mundo. Pero eso no es todo, porque hay situaciones desastrosas que ya son parte de nuestra realidad cotidiana —por más que el grueso de la opinión pública no se dé por enterada—, como la crisis energética global y los innumerables focos de disturbios políticos que se extienden como un reguero de pólvora por todo el planeta, a lo que hay que añadir los conflictos étnicos y religiosos, las crisis migratorias y un largo etcétera de desafíos que, hoy por hoy, forman parte de la atmósfera psicológica en que debe vivir su vida el vapuleado habitante del siglo XXI.

Una civilización es una entidad compleja que cristaliza en el escenario histórico sobre la base de ciertos rasgos comunes que definen un modo de ser y una forma de concebir la existencia humana sobre el plano físico. En lo medular, se trata de una matriz cultural en la que se desenvuelve y desarrolla una idea del hombre. Ser «civilizado» implica asumir como propia una manera de relacionarse con la naturaleza y con los demás miembros de la especie a partir de una cosmovisión que sitúa al ser humano en un contexto psicológico determinado respecto de la realidad circundante.

En sentido histórico, la vida civilizada representó un ordenamiento de la existencia del habitante de las ciudades. Es decir, el proceso civilizatorio entraña la acción y el efecto de convertir al hombre en *ciudadano* de un Estado organizado, lo que supone un tipo particular de relaciones sociales que se establecen sobre la base de la experiencia urbana, incluyendo una estructura política unificadora, una división del trabajo, un marco jurídico y una raíz cultural común, que confluyen en la conformación de una identidad colectiva. Se trata, en síntesis, de un sistema de vida. La conciencia de un origen y un destino común es otro elemento esencial en la vertebración de una civilización.

En general, los historiadores proyectan los orígenes de la civilización occidental hasta la antigüedad más remota, específicamente hasta el surgimiento de las primeras comunidades humanas que contaron con un sistema de escritura. En este contexto, el proceso civilizatorio que cuajó en Occidente fue fruto de la confluencia de dos tradiciones culturales completamente diferentes que actuaron como fuerzas fundantes del modo de ser del hombre occidental. La primera, la herencia grecorromana, se centró principalmente en la conquista del mundo exterior inaugurando, entre otras cosas, el desarrollo del pensamiento analítico por medio del cultivo de la filosofía, la madre de todas las ciencias, y proveyendo las bases de la organización político-jurídica de los estados; la segunda es la herencia judeocristiana, que, buscando un significado trascendente para la experiencia humana puso el foco en la relación del hombre con Dios, sembrando la semilla que terminaría por dar cuerpo a la religión cristiana, columna vertebral de la civilización occidental.

La preponderancia de la razón y del espíritu crítico fue un elemento central del modo de percibir y relacionarse del hombre occidental con la realidad circundante. El espacio geográfico en que se dio este converger de influencias fue el continente europeo que, bajo el temprano influjo del cristianismo —que actuó como argamasa de los distintos modos de ser que coexistían en el ámbito de la romanidad—, fue el crisol en el que se fusionaron los destinos de los herederos del legado de la Roma Imperial y de los pueblos germánicos. Subterráneamente, confluyeron también en este proceso elementos provenientes de tradiciones anteriores, como las de la antigua Mesopotamia y Egipto.

Entre los siglos XV y XIX este mundo, con sus instituciones políticas, económicas, sociales y religiosas, ampliaría su espacio vital hacia otros contextos geográficos proyectando sus luces y sus sombras sobre el Nuevo Mundo y partes de África, Asia y Oceanía. Más adelante, durante la segunda mitad del siglo XX, momento en que el desarrollo científico y tecnológico de la humanidad puso a Occidente a la vanguardia en prácticamente todos los aspectos de la vida moderna, la civilización occidental alcanzaría su período de máximo apogeo histórico, expandiendo su ascendencia cultural sobre todo el planeta.

Entre las características fundamentales de la forma de vida de Occidente debemos considerar el desarrollo del Estado nación y el surgimiento del capitalismo, evento que facilitó el advenimiento de la Revolución Industrial y la reaparición de la democracia dos mil años después de su eclosión en la Atenas de Pericles.

En general, el sistema de valores del mundo occidental se basa en la moral cristiana que en esencia reivindica la dignidad de la persona humana, siendo la relación con Dios el fundamento del camino a seguir por parte del hombre. Entre los pilares del modo de concebir la realidad que surgió con la consolidación de ese modelo de sociedad destaca la importancia de la familia, la afirmación del individuo sobre el Estado y la trascendencia que se le adjudica al uso de la razón como herramienta imprescindible para comprender el mundo, a lo que se suma de la separación de poderes, el imperio de la ley, los derechos humanos y la alta valoración de la libertad en todas sus expresiones y significados. Después de la Segunda Guerra Mundial, durante la Guerra Fría, Occidente pasó eventualmente a ser sinónimo de libertad y democracia, en contraposición a los sistemas totalitarios que florecieron tras la «cortina de hierro» del bloque comunista[1].

No vamos a sostener aquí que el modo de vida occidental, ese *modo de ser*, representa la cúspide del espíritu humano porque está muy lejos de serlo. Sin embargo, no se puede desconocer las contribuciones de Occidente a la historia de la humanidad en materia de progreso material y desarrollo científico y tecnológico, entre otros logros.

Tampoco se puede desconocer que, de producirse un desplome civilizatorio, el riesgo de retroceder a un estado evolutivo anterior es enorme. La sola posibilidad de un ciberataque dirigido contra la cadena de suministro de bienes a escala global podría ocasionar una hecatombe con el potencial de precipitar a la especie humana a una nueva era de cazadores recolectores.

De hecho, este tipo de temas está concitando cada vez mayor atención, siendo la razón de ser de una iniciativa del Foro Económico Mundial (WEF), los eventos *Cyber Polygon*, en que organizaciones del ámbito público y privado testean en vivo, en base a simulaciones, su nivel de resistencia a eventuales ataques cibernéticos. El propósito expreso de estos eventos, que

---

[1]   La expresión «mundo libre» se puso de moda a partir de un discurso pronunciado por el ex Primer Ministro británico, Winston Churchill, en Westminster College, Fulton, Missouri, en los Estados Unidos, el 15 de marzo de 1946.

comenzaron a celebrarse en 2019, es aumentar las capacidades de las organizaciones para lo que llaman la «ciberresiliencia mundial». En la tercera versión de este evento, el *Cyber Polygon-2021*, que se celebró en julio de ese año, se simuló, precisamente, un ciberataque contra la cadena de suministro de bienes básicos a nivel planetario. En la versión de 2022 se centró, a su vez, en la coordinación de acciones de equipos de respuesta corporativa en el contexto de ataques dirigidos contra la infraestructura de nube híbrida.

Este tipo de iniciativas del WEF, nada menos que con Klaus Schwab a la cabeza, mueve a preocupación si se tiene en cuenta otros ejercicios anticipatorios llevados a cabo por esta organización, como el célebre Evento-201, que el Foro Económico Mundial realizó en octubre de 2019 en conjunto con la Universidad John Hopkins, la Fundación Bill y Melinda Gates y los Centros para el Control y Prevención de Enfermedades de los Estados Unidos (CDC). Esta reunión fue presentada como un ejercicio de simulación para evaluar las posibles respuestas ante una eventual pandemia de coronavirus. Recordemos que los primeros casos de COVID-19 se detectaron en la ciudad china de Wuhan entre noviembre y diciembre de ese mismo año, es decir, sólo un mes después de la «predicción» de los expertos que participaron en el ya mítico evento.

El enemigo interno (el *Dragón* dormido)

Hoy en día el mundo occidental se encuentra amenazado por un enemigo interno. En efecto, Occidente crió los cuervos que quieren arrancarle los ojos, el corazón, el hígado y hasta el alma, porque las fuerzas necrófagas de la historia suelen no detenerse hasta que la presa queda convertida en nada. Las amenazas son múltiples, haciendo tambalear los pilares de la forma de vida occidental. Desde la perspectiva de la teoría cíclica de la historia de Toynbee, que sostiene que el desarrollo de las civilizaciones es resultado de su capacidad para responder a los numerosos desafíos que les salen al paso en el curso de su evolución, la supervivencia de la civilización occidental dependerá de la respuesta que dé al ataque inmisericorde que están perpetrando en su contra las fuerzas disolventes que buscan destruirla. En este trance, si la respuesta es adecuada, dando origen a nuevos desafíos, Occidente prevalecerá y continuará su camino de evolución en busca de nuevas y mayores conquistas; si, en cambio, se muestra impotente para abordar los retos que le han salido al camino, decaerá e, irremediablemente, deberá enfrentar un proceso de extinción. En ese momento, podemos preverlo teniendo en cuenta la naturaleza irracional del ataque, de las cenizas de la civilización emergerá un nuevo mundo sumido en la barbarie donde la violencia y el salvajismo serán la norma que regulará las relaciones humanas por mucho tiempo.

Porque allí donde antes se comprendió y valoró en su justa dimensión el valor supremo de la vida —de toda vida—, reinará con insolencia la cultura de la muerte.

Donde predominaba el individuo, respetándose la dimensión de lo personal, del sujeto único e irrepetible desarrollándose en medio del cosmos infinito, prevalecerá el colectivo, la tribu, la horda desalmada carente de moral y de empatía, transformando al hombre en objeto desechable, prescindible, sin propósito.

Donde se erguía la familia como base de la estructura social, en tanto espacio de cuidado y crianza de las nuevas generaciones bajo el mandato del amor filial, se impondrá la mera pertenencia a la manada, haciendo desaparecer la infancia, la inocencia —que es donde se planta la primera semilla de la bondad humana—, en favor de una sociedad embrutecida, esclava de sus pasiones, animalizada.

Donde la libertad era un elemento central e irrenunciable de la vida, se impondrá como norma la tiranía en una sociedad de esclavos que rendirán pleitesía al Estado y a una idea del hombre rebajado, involucionado —¡el animal-hombre!—, convertido en número, mera pieza intercambiable de un gigantesco mecanismo de dominación.

Y allí donde antes hubo estado de derecho, imperio de la razón y de la ley, orden y seguridad, se impondrá el caos y el desenfreno, la lucha de todos contra todos en un mundo que se parecerá cada vez más a una selva, en una suerte de edad de piedra tecnológica donde la interfaz entre el cerebro y el mundo digital será la puerta de entrada a las neocavernas del futuro, con cada uno encerrado en sí mismo, sin capacidad de mirar el entorno y reconocer en el otro rastros de la antigua dignidad humana.

Debemos tener claro que el proceso que se despliega ahora mismo frente a nuestros ojos es una lucha descarnada entre civilización y barbarie. El conflicto, si bien se desarrolla sobre el plano terrenal, es, en esencia, de naturaleza espiritual. Por supuesto, según el enfoque que se adopte, el fenómeno puede ser comprendido de maneras muy diferentes.

Por ejemplo, según el Arzobispo Carlo María Viganò, abierto opositor a la gestión del Papa Bergoglio en la Iglesia, estamos en presencia de la eterna lucha de los Hijos de la Luz contra los Hijos de las Tinieblas. En contraste, para una mentalidad no religiosa, se trata simplemente de la confrontación de visiones de mundo radicalmente opuestas: capitalismo y comunismo, conservadurismo y progresismo, nacionalismo y globalismo, etc.

REVOLUCIÓN Y BARBARIE

Mientras el mundo que surgió de la Revolución Francesa se desarrolló al abrigo de las ideas de la Ilustración –es decir, apelando a la razón como fuerza motriz del progreso humano–, la revolución globalista que hoy devasta a Chile y al mundo occidental apela indefectiblemente a la irracionalidad y a la ignorancia como aspectos fundacionales del mundo que están creando los herederos de la guillotina. Por lo mismo, el actual modelo revolucionario es tributario de un impulso completamente antagónico al que le dio vida y substancia al iluminismo, caracterizándose más bien por su impronta oscurantista, sectaria y recalcitrante.

Recordemos que la propia independencia de los países latinoamericanos surgió bajo el amparo de las ideas de ese movimiento cultural e intelectual que, de la mano de la razón, pretendió erradicar la ignorancia, el fanatismo religioso y la tiranía. No obstante, dos siglos más tarde los herederos de esa revolución, luego de decenas de sangrientas aventuras llevadas a cabo en todo el globo, han dado muestras una y otra vez de ser inmunes a la razón, al sentido común y a la sensatez, además de completamente funcionales al proyecto globalista, que persigue fundar un nuevo orden mundial controlado por una poderosa red de oscuros personajes que, provistos de las herramientas que les brinda la tecnología, se solazan en jugar a ser dioses.

Hijos del odio, y carentes de escrúpulos, los bolcheviques criollos le dieron definitivamente la espalda al estado de derecho, como lo demostraron con creces en el Chile post 18-O –esa copia tan brutalmente in-feliz del Edén–, proceso coronado el domingo 4 de julio de 2021 con la inauguración de la Convención Constitucional, ocasión en la que, una vez más, demostraron su irresistible vocación por el caos, la mentira y la violencia. Burdos como son, esclavos de sus pasiones, no escatimaron entonces en embustes, farsas y artimañas para dejar sellado el proceso constituyente con la marca indeleble de su presencia: *Aquí estamos* –dijeron con sus actos–, *dispuestos a todo, secuestrando el país en sus narices. Y somos legión...* –añadieron a coro en su inconmensurable hipocresía, relamiéndose ante el que, creían, era el cadáver de la patria que los vio nacer.

Y una vez rechazado el engendro por amplia mayoría no podían menos que volver a la carga violando no sólo las leyes y la Constitución vigente sino la misma razón y el sentido común, arrastrando una vez más al país a la incertidumbre sabiendo que el caos es el caldo de cultivo de su revolución.

Pero lo que en su profunda idiotez no avizoran es que, en algún momento, mientras que su mundo de fantasía se esté deshilachando en medio del dolor, el sufrimiento y el hambre del pueblo que dicen representar, no podrán evitar traicionarse entre ellos mismos, culpándose unos a otros de la debacle. Entonces volverá a presentarse un fenómeno que parece estar escrito con sangre en el guión de las revoluciones de su clase, pues ese pueblo ignorante, infantil hasta la médula, se los comerá vivos, quedando sus nombres para siempre malditos en la memoria de todos.

Cuando eso ocurra, nosotros, los verdaderos patriotas, habremos reunido ya las fuerzas que necesitaremos para volver a sembrar vida sobre las ruinas del mundo que ellos, bestias al fin y al cabo, pisotearon.

Porque serán legión, y podrán, en efecto, echando mano de los exaltados defensores de la revolución y sus colegas del mundo del lumpen, prolongar la agonía de Chile convirtiendo en cloaca el paisaje otrora sereno de nuestras ciudades y campos, pero en nuestro interior hay un tesoro que ellos, desalmados como son –

¡porque son la escoria de la tierra!–, jamás podrán mancillar:
espíritu, razón, consciencia.

EL NAUFRAGIO DE LA CIVILIZACIÓN
Y LA CAVERNA DE PLATÓN

La crisis que padece la civilización es síntoma de que algo muy grande está ocurriendo en la trastienda del escenario global, algo que permanece invisible a ojos del hombre ordinario. El conflicto no es sólo político y social, se percibe la sombra de algo más en el reverso de los hechos de los que estamos siendo testigos. Se trata, en el fondo, de una crisis espiritual de raíces muy profundas.

Puestos a tantear el terreno, se hace necesario discernir de dónde provienen la irracionalidad y la violencia que han llegado a transformarse en el pan de cada día para los ciudadanos de las urbes de buena parte del mundo civilizado, especialmente en Occidente. Y ya que estamos, también seguir la pista del relativismo moral que, ha clavado su bandera en la psiquis de las sociedades occidentales, fenómeno que se da en forma simultánea a la exaltación enfermiza de la subjetividad y la intransigencia irreductible de los distintos actores de la vida pública.

Estos y otros descarríos de nuestro tiempo, en tanto que vicios incubados en el seno de una mentalidad materialista, obtusa, tosca, profundamente miope, son la guinda de la torta de un proceso de constante caída de lo humano en sí en un sumidero de depravación que parece no tener límites. De hecho, constatamos a diario que el predominio de las masas ha alcanzado su consumación en el embrutecimiento del homo sapiens. La animalización del hombre, es decir, el proceso mediante el cual el individuo subordina su voluntad a sus pulsiones básicas, es secuela de la superstición materialista que echó raíces en el corazón del hombre contemporáneo.

Muerto Dios, la humanidad ha quedado a la deriva en medio de la selva del mundo. Privado del sentido de trascendencia, sin luz al final del camino, sin una explicación teleológica de ese universo que se lo come vivo, el hombre se condena a sí mismo a quedarse a oscuras en medio de una naturaleza hostil e indiferente. Porque el universo, sin Dios, es frío, desalmado, neutro.

Ocurre que aún en medio del asfalto y del cemento, cercado por la tecnología y los abundantes frutos de la sociedad del conocimiento, la humanidad se encuentra, de algún modo, de regreso en la selva, ese hábitat inhóspito, salvaje, de los primeros tiempos. Sin límites morales, el destino de cada uno se resuelve, en última instancia, en la vieja disyuntiva de convertirse en depredador o presa.

Al fin y al cabo, imposibilitados los individuos de percibir en el prójimo la chispa divina, la sociedad no puede eludir desintegrarse en un proceso que, yendo desde la periferia hacia el centro, terminará por entronizarse en los corazones petrificados del animal-hombre y del hombre-máquina.

Porque con Dios fuera de la ecuación, el *puzzle* humano es condenado a no ser resuelto en absoluto. En todos los ámbitos surgirán, como callampas en el bosque, infinidad de facciones, grupos, partidos, sectas, bandos, pandillas. Un paso más allá habrá incluso quienes no calcen en ninguna parte, quedándose aislados en medio del gentío: la soledad se expande como una peste entre aquellos que han sido engullidos por el enjambre.

Como consecuencia de ese destilado infinito de parcialidades, brotará de manera espontánea la hostilidad entre las partes. De acuerdo con la mentalidad de la tribu, no puede ser de los míos el que no se parezca a mí, el que no comparta mi estilo de vida o no piense como yo. Unos y otros vivirán sospechando que los demás son una fuente constante de peligro. Como consecuencia de este estado de cosas, los niños crecerán en las ciudades con el convencimiento de que en las calles, en los barrios, en las plazas, incluso en sus colegios, sólo impera la ley de la selva, apagando para siempre la llama de la esperanza.

Es así cómo, paulatinamente, las diferencias, las características propias de los individuos libres, los particularismos, dejarán de enriquecer la percepción de la realidad de unos y otros para transformarse en excusas para el escrúpulo igualitarista y para el miedo irracional a la discrepancia, fundamento del tribalismo de la neoselva moderna, ese patio trasero de la psiquis colectiva.

Sin embargo, la evidencia demuestra que en todas las trincheras, sin importar raza, creencias religiosas ni domicilio ideológico [en el plano político es donde más se nota esta anomalía], todos sienten lo mismo. No importa cuán diferentes las ideas, gustos y creencias de cada uno, idénticos sentimientos anidan en el alma de la mayoría: repulsión por el punto de vista ajeno; rechazo por el adversario, que puede llegar a un odio irracional en casos extremos; sesgo cognitivo respecto de las informaciones y conocimientos que refuercen una u otra posición; creencia de que «el otro» representa el mal en la tierra; tendencia a ver al adversario, o en todo caso a sus ideas, como una «monstruosidad» inaceptable; etc. En este escenario, en caso de tener la oportunidad la mayoría borraría del mapa a quienes están en la vereda del frente.

Este hecho habla por sí sólo: el mismo impulso se expresa en ambos extremos. Es decir, hay, en efecto, un monstruo manifestándose en el plano anímico de la humanidad. Es el mismo monstruo, la misma aberración moral, en todas las almas, en todas las trincheras, en todas las ciudades amuralladas y guetos mentales en que vivimos.

Debemos tomar consciencia de ello: el mal anida en el corazón de todos, independientemente de las ideas y creencias de cada cual. En este escenario, estas ideas y creencias no son más que las caretas con que unos y otros desempeñan su rol en el gran carnaval. [La vida es, a fin de cuentas, un baile de máscaras.] El baile, en nuestros tiempos, hace que unos y otros se vuelquen contra el adversario: es la *guerra de todos contra todos* de la que hablaba Hobbes.

Lo que debemos preguntarnos es: ¿y quién pone la música? ¿Quiénes son los guionistas de este drama?

Como sugerimos al principio, no debemos buscar las respuestas *allá afuera*, en la mera contingencia, sino *adentro*. La solución a la crisis actual no es política ni económica; menos aún, policial o militar. Como dice la frase que citamos en todos los números de Aurora de Chile e Hispanoamérica, «YO SOY EL PRIMER RESPONSABLE DE PONER EN EL MUNDO LO QUE QUIERO VER EN ÉL». El mundo no se salva en el territorio del otro, sino en el propio.

Para concluir, sólo diremos que, en tanto permanezcamos en este estado de ignorancia respecto de las verdaderas causas de la crisis global, continuaremos tan apartados de la realidad como estaban los habitantes de la caverna de Platón respecto del mundo que refulgía a sus espaldas.

LA CULTURA DE LA MUERTE
[APUNTES]

La encíclica *Evangelium vitae* (Juan Pablo II, 1995), denuncia los peligros de la cultura de la muerte.

Dice:

«Es necesario llegar al centro del drama vivido por el hombre contemporáneo: el eclipse del sentido de Dios y del hombre, característico del contexto social y cultural dominado por el secularismo, que con sus tentáculos penetrantes no deja de poner a prueba, a veces, a las mismas comunidades cristianas. Quien se deja contagiar por esta atmósfera entra fácilmente en el torbellino de un terrible círculo vicioso: perdiendo el sentido de Dios, se tiende a perder también el sentido del hombre, de su dignidad y de su vida».

La «cultura de la muerte» implica una serie de actitudes y de comportamientos originados a partir de un modo de valorar la vida en sociedad que acepta como legítima la opción de suprimir algunas vidas humanas que estorban nuestro plan de vida o le ponen trabas a nuestro proyecto político.

Tras los fenómenos del aborto, la eutanasia, la corrupción y la tiranía, o sobre la imposición de la «corrección política», que aplasta a quienes son vistos como un «obstáculo» y que representa otra cara de la cultura de la cancelación, subyace la misma lógica: la relativización del valor de la vida para enaltecer la libertad y la presunta autonomía individual o para aplicar un proyecto de reingeniería social que «ordene» el mundo según los criterios de quienes detenten el poder.

Todos estamos en peligro ante el avance de la «cultura de la muerte». En última instancia, significa la "guerra de todos contra todos". Se parte «cancelando» al que piensa diferente, se termina matándolo.

Y llegará el momento en que el obstáculo seas tú…

LA MANIPULACIÓN DE LA INFORMACIÓN

La banalización de los noticieros y programas informativos no es un hecho trivial. Obedece a una cuidada planificación de la cual participan consciente o inconscientemente los directores y editores para ganar audiencia. El trabajo sucio –el embrutecimiento de la población– viene de más allá. Si controlas los sueños de la gente, sus aspiraciones, te has hecho con el control total de sus vidas. Ya no necesitas censurar a artistas y escritores, basta con volver analfabeto al pueblo, con sepultar el anhelo de belleza en una estética a nivel de suelo totalmente desprovista de vuelo y anhelo de trascendencia; basta con hacerle creer a la gente que la libertad tiene menos que ver con el pensamiento que con sus actos externos y con la mera autosatisfacción de sus deseos e impulsos. Dicho de otro modo, basta con hacerlos pasar el tiempo mirándose el ombligo.

Y para eso no se necesita más que la música popular, el cine, las series de televisión, los reality, los talk shows, las teletones, entre otros espectáculos apreciados por las multitudes. No hay forma más eficiente para hacer llegar el mensaje arrullador al alma del rebaño: duérmete, déjate llevar por tus emociones, eres libre de hacer y deshacer en el mundo de acuerdo a tus impulsos y necesidades más básicas; continúa soñando con el éxito, con la realización de tus sueños, con el amor ideal, o, en su defecto, descree de él, confórmate con lo que tienes a tu alcance, lo demás es ilusión.

No sueñes más allá de ti mismo; y si quieres hacerlo, haz tuyo entonces el sueño colectivo que a la sazón te proporcionamos: identifícate con el movimiento tal o cual, con una creencia religiosa, con un equipo de fútbol, una tribu urbana, el movimiento ecologista, el cambio climático, los extraterrestres, el fin de los tiempos, cualquier cosa que se te ocurra con tal de que no pienses por ti mismo y te enfrentes a la realidad desnuda del mundo.

Es este fenómeno de embrutecimiento de la población lo que está detrás del colapso civilizatorio que estamos experimentando. La impotencia, la ineptitud, la ignorancia de los ciudadanos es la joya de la corona de los aspirantes a dioses de la elite global. Ellos reinan sobre el alma del mundo porque los habitantes del mundo se han despojado de sus almas.

Poco importan los individuos que hayan despertado del sueño, mientras sean unos pocos y no alcancen una masa crítica que los vuelva peligrosos. Pero aún si llegaran a ser muchos los que despierten, los grandes titiriteros moverán los hilos para acallarlos. Siempre está la posibilidad de comprar las almas de unos y otros con el éxito, un premio aquí, otro allá, una beca, la fama, el dinero fácil, cualquier cosa.

En caso contrario, una revolución basta. Las armas sobran: balas, flores, drogas, los medios al alcance son muchos. Sólo hay que recordar el impulso que condujo a la "rebelión de las flores" y la contracultura de las drogas, que indujo en las masas una actitud pseudo-religiosa que sembró las semillas del movimiento New Age. Asimismo, cualquier intento de rebelión en el mundo de la música es cooptado con facilidad por la industria discográfica. Lo mismo ocurre con el cine, la literatura, las artes visuales.

Nunca faltarán medios para neutralizar a los que se aparten del rebaño. En el día de hoy, como ayer, los recursos son ilimitados, aunque el principal de ellos es la propia estupidez humana, la ignorancia, el orgullo, la avaricia.

Para neutralizar el poder de los medios alternativos, surgidos al amparo de la revolución digital, basta con dejar hablar a los charlatanes de siempre. Así se aprovecha la pseudo libertad del ciberespacio para destruir la libertad de pensamiento: de la mano de los charlatanes los «dueños del negocio» se aseguran la permanencia del velo en los ojos de todos. Hay tanto idiota navegando en esas aguas sin saber nadar. Tuertos guiando a ciegos, sonámbulos en posesión de cayados de plástico que creen, sinceramente, poder separar las aguas del poder a base de alucinaciones delirantes.

El poder de la información está en la base del poder a secas. Si manejas o controlas la información, lo controlas todo. Entonces, la desaparición de la información real de los medios de comunicación es la mejor estrategia de los «amos del mundo» —la elite globalista— para controlar la disidencia. Haciendo desaparecer la información degradan el pensamiento; y degradando el pensamiento echan abajo las barreras protectoras de las sociedades, que quedan expuestas ante la voracidad insaciable de los depredadores.

EL ARTE Y LA LITERATURA AL RESCATE

La importancia de la creación artística en la estructuración de las sociedades fue puesta sobre la mesa durante la primera mitad del siglo XX por el filósofo marxista Antonio Gramsci (1891-1937), quien fuera uno de los fundadores del Partido Comunista de Italia. Es célebre su cita: «*Adueñarnos del mundo de las ideas, para que las nuestras sean las ideas del mundo*». Y también: «La conquista del poder cultural es previa a la del poder político y esto se logra mediante la acción concertada de los intelectuales llamados "orgánicos" infiltrados en todos los medios de comunicación, expresión y universitarios».

Sin duda que el arte y la literatura son un reflejo de la sociedad. Los artistas trabajan en contextos políticos, sociales y culturales concretos, por lo que no pueden evitar ser influidos por las circunstancias de su tiempo. En este sentido, la propia naturaleza de la creación artística pone a los cultores de las distintas disciplinas en un plano diferente del ciudadano común. Ante todo, una obra de arte es el resultado de una observación, de un análisis. Incluso en las diversas tendencias del arte espontáneo, el informalismo, el arte abstracto, el arte gestual, entre otros, que implican un rechazo del tecnicismo y de la planificación, hay una reflexión previa vinculada a una forma de ver el mundo, que en el caso de las vanguardias del siglo XX tiene que ver con el rechazo hacia el pensamiento filosófico tradicional, la exaltación del individualismo y la exploración del subconsciente.

En algunos casos, es de este modo como el artista deviene en intelectual, utilizando el lenguaje propio de su disciplina como un instrumento para plantarle cara a la realidad y desafiarla con espíritu crítico. Los hay, por cierto, muchos que no llegan a ello, contentándose tan sólo con la producción mecánica de productos artísticos o decorativos –no necesariamente bellos– de consumo masivo para una sociedad ávida de significado.

Pero el artista devenido en intelectual apela, además de eso, a la razón, a la reflexión y a la intuición a objeto de producir un efecto que va más allá de lo estético. En este sentido, detrás de toda obra de arte concebida de este modo hay un fondo conceptual, una idea, digamos, una ideología, en tanto representación de un sistema de pensamiento. Un creador intelectual no puede eludir reflexionar sobre la realidad para mediatizarla, interpretarla y reelaborarla en función de su propia experiencia de vida. De hecho, mientras más personal su punto de vista, más valioso puede ser su aporte a la sociedad.

Este examen del mundo, que implica al mismo tiempo una introspección, pone al artista en una situación especial. No es lo mismo vivir la vida inmerso en el tira y afloja de la realidad cotidiana que vivir observándola para comunicarle a los demás, echando mano de los recursos específicos de su disciplina, el resultado de esa indagación. Este esfuerzo comporta para el artista la posibilidad de *apropiarse*, en cierto sentido, de la realidad misma, de hacerla suya transformándola, necesariamente, en materia plástica de su sensibilidad, inteligencia y perspicacia. De este esfuerzo suyo por plasmar en su obra su propia y personal *visión del mundo*, surge un discurso estético —cargado se símbolos, imágenes, valores— que da profundidad a la existencia humana. De este modo el resto de la sociedad consigue ampliar su horizonte de conciencia a través de los ojos del primero. Éste le muestra a los demás, por medio de su obra, lo que hasta entonces no vieron por sí mismos por estar distraídos, precisamente —de capitán a paje—, subsistiendo sumidos en la dura trama de la cotidianidad.

El arte es, en el fondo, el espejo con que el ser humano se contempla a sí mismo en el escenario de la vida. Por supuesto, según las circunstancias históricas y culturales, dicha visión estará preñada de utopía o fatalismo, apuntará al cielo o a la tierra, volcará la mirada hacia adentro o hacia afuera, ponderando tanto la luz como las tinieblas del espíritu humano, añadiendo profundidad, perspectiva, puntos de vista, posibilidades en suma, a la visión imprecisa, vaga, hasta cierto punto obtusa, de la masa. Por supuesto, el público podrá sentirse interpretado, interpelado, tranquilizado o desconcertado por esa visión, o conminado a actuar o abatido, alentado o aplastado, pero utilizará la experiencia estética para forjarse un *relato* del mundo, una narrativa propia y, finalmente, un discurso, porque el hombre puede prescindir de muchas cosas, pero le es imperativo que su vida tenga un sentido.

De este modo, los frutos de la labor artística repercuten en el gran escenario del mundo —¡a fin de cuentas, la vida es un carnaval, un baile de máscaras!— proporcionándole sentido y significado al modo como una sociedad concibe la experiencia humana. Es a través de este juego de significados que el arte se vuelve *útil* a la sociedad.

Subrayamos esto: la sociedad necesita de los artistas para contemplarse a sí misma. A causa de ello es frecuente que suceda, especialmente en las sociedades totalitarias, que la producción artística devenga rápidamente en propaganda. El arte «comprometido» es, independientemente de la calidad de las creaciones, una realidad no sólo de nuestro tiempo, sino de todos los tiempos. Ocurre que los artistas, como todos los seres humanos, necesitan subsistir, lo que muchas veces los pone al servicio del poder.

Y he aquí nuestro punto. Hoy como ayer, el patrocinio de quienes tienen los medios materiales —la riqueza en suma— resulta fundamental para que los intelectuales y los artistas puedan realizar su trabajo. Hasta tiempos de la Ilustración era esencial a este respecto el mecenazgo de la elite gobernante, la Iglesia, los reyes, los nobles, los aristócratas. En el curso del siglo XIX, ese rol fue paulatinamente siendo asumido por las instituciones burguesas, los museos, la academia, las casas editoriales, en un proceso por medio del cual las obras de arte y los libros se convirtieron en mercancías de fácil acceso, primero para las clases más acomodadas y luego para las grandes masas. Poco después, ya en el siglo XX, irrumpió con fuerza el protagonismo del Estado.

En la medida en que los valores tradicionales fueron dando paso al predominio de las ideologías, el arte y la literatura se transformaron en el medio idóneo para la propagación de las ideas que el poder de turno necesitaba diseminar. Este proceso fue especialmente efectivo en los estados que se inclinaron por aplicar modelos socialistas, que fueron los más eficientes en el control de la producción cultural. Un claro ejemplo de ello lo encontramos en las políticas culturales de la URSS, la Alemania nazi o la China de Mao, entre otros. Estos regímenes totalitarios aprendieron que necesitaban del compromiso de artistas e intelectuales para promover sus ideas, aplastando al mismo tiempo todo atisbo de disidencia. En esta intención los regímenes de inspiración marxista, directa o indirectamente influidos por el pensamiento de Gramsci —quien decía: *«Tomen la educación y la cultura, y el resto se dará por añadidura»*—, tomaron la delantera. En este punto en particular, la Alemania nacionalsocialista no le llegaba ni a los talones a la URSS de Stalin y a la China maoísta.

Por el contrario, quienes se identifican con el complejo entramado de ideas y valores que ha dado origen a las diversas corrientes que se denominan «de derecha», han desdeñado tradicionalmente el arte y la cultura —como no sea en su dimensión decorativa o de mero entretenimiento—, *abandonando*, por decirlo de alguna manera, a los artistas e intelectuales a su suerte. Después de todo, la libertad de emprendimiento y el individualismo representan el alma del sistema en el que sustentan sus valores. En pocas palabras, el éxito o fracaso de un productor de *mercancías culturales* dependerá únicamente de su talento y de su capacidad de conducirse en el mercado estableciendo relaciones con quienes, velando por su propio beneficio, puedan asociarse con él en la comercialización de sus obras. Con este desinterés, la derecha pasa por alto que toda la rica herencia cultural de Occidente, toda la historia del arte, de la literatura, de la filosofía y del pensamiento occidental, base de sus tradiciones políticas y de sus instituciones, así como de su desarrollo científico y tecnológico —fundamento, por cierto, de su prosperidad económica—, no habría podido concretarse sin el concurso de las clases gobernantes que, bajo la institución del mecenazgo auspiciaron, sea por conveniencia o por mera vanidad de los benefactores, el trabajo de artistas, escritores y científicos desde tiempos inmemoriales.

Así las cosas, no es de extrañar que en el curso del siglo XX la vocación artística y la labor intelectual en sí fueran siendo cada vez menos atractivas en términos económicos. Es revelador a este respecto lo problemático que suele resultar para los hijos de los segmentos altos de la sociedad la vocación por el arte, la literatura y las carreras humanistas, a excepción, claro está, del ejercicio de disciplinas como el Derecho, la Economía o las Ciencias Políticas. No es casual entonces la permanente sequía de intelectuales y artistas de derecha. No hay que esforzarse mucho para constatar la hegemonía que mantiene la izquierda en materia de producción cultural a escala global. Desde Hollywood hasta la Academia Sueca, pasando por las grandes cadenas mediáticas, las productoras de cine y televisión, las productoras musicales, las plataformas de streaming, la industria del libro, así como las instituciones que fomentan la creación artística y literaria a nivel mundial —en pocas palabras, buena parte de la actividad cultural a escala global—, se encuentra abocada de lleno a la producción de contenidos que refuerzan, hasta la saciedad, el discurso políticamente correcto emanado de los círculos intelectuales adscritos a las ideas «progresistas».

Como sabemos de sobra, los ejes temáticos de este discurso, que moldea el relato de la realidad que las masas abrazan con la mansedumbre de un rebaño de ovejas, son la ideología de género; la defensa, validación y promoción del mundo gay; el fundamentalismo feminista, completamente despojado de lo femenino en sí; la destrucción de la familia tradicional; el aborto; el multiculturalismo; el levantamiento de las banderas de los supuestos «pueblos originarios»; el ecologismo radical; la apropiación y tergiversación del concepto de derechos humanos; la idolatría del Estado; la tradicional animadversión contra «el capitalismo»; etc. Las masas, por supuesto, han caído burdamente en la trampa seducidas por los cantos de sirena que, desde el mundo del arte y la cultura, con el gentil auspicio de los medios de comunicación y de la industria del entretenimiento, bombardean sus sentidos por los cuatro costados con las cantinelas de un discurso hecho a la medida de las élites neomalthusianas que han pergeñado el plan que está haciendo colapsar la civilización occidental, inaugurando una era de totalitarismo oscurantista como jamás conoció la historia humana.

La pregunta es, ¿continuarán los que aún permanecen conscientes de lo que está sucediendo, sin hacer nada?

NUEVA MASCULINIDAD, NUEVA FEMINIDAD… Y NUEVA ANIMALIDAD

> *Las personas que se respetan a sí mismas muestran cierta dureza, una especie de coraje; hacen gala de lo que antes se llamaba «carácter», una cualidad que, aunque aceptada en abstracto, a veces pierde terreno frente a otras virtudes más negociables al instante (…) El carácter, la voluntad de aceptar la responsabilidad de la propia vida, es la fuente de la que brota el respeto por uno mismo.* **Joan Didion**

La sociedad occidental se ha desmasculinizado. Esto no es algo que sucedió de la noche a la mañana; la hombría, la virilidad, han estado en retroceso desde hace por lo menos medio siglo. Ser hombre, hoy en día, es peligroso y tiene muy mala prensa, siendo una condición generalmente mal vista por una sociedad compuesta mayoritariamente por gente voluble y sin carácter, eternamente adolescente, obsesionada, entre otras cosas, con el dogma de la «igualdad de género». En el fondo, la masculinidad, ahora que se culpa al «patriarcado» hasta del cambio climático y de la pobreza en África, atenta contra el corazón de las estrategias de demolición de los valores tradicionales. La razón de esto tiene que ver con el hecho de que los hombres con los huevos bien puestos fastidian, incomodan, y son, en efecto, peligrosos para el poder, porque no consienten la destrucción del mundo en el que han de crecer sus descendientes.

Pero la sociedad blandengue de nuestros días confunde virilidad con machismo, y en esa grieta concentran su ataque los demoledores. El adolescente se asusta ante un hombre completo, íntegro, capaz de desplegar algo más que su verga ante los problemas que le salen al encuentro. No se trata sólo de biología, sino de la estructura psíquica del ser encarnado en un cuerpo masculino, de cierta disposición espiritual. En el hombre –el macho de la especie *homo sapiens*– se encarna el arquetipo de la masculinidad, el principio activo del universo, pletórico de luz y de fuerza; en la mujer, el principio pasivo, eternamente receptivo, fecundo, pródigo manantial de abundancia y de frescura. No vamos a entrar en profundidades, pero es claro que los arquitectos del mundo distópico en que vivimos están empeñados en borrar la diferencia, tirando al trasto de la basura miles de millones de años de evolución. Para ellos, ser hombre o mujer no depende ni de la biología ni de las leyes cósmicas, porque, además de materialistas, son voluntaristas. Las condiciones objetivas del mundo real les dan lo mismo: *¡que viva la subjetividad!* [¡Son *adolescentes* después de todo!]

Esto sucede porque han decidido vivir de espaldas al Espíritu en un mundo sin Dios, incompleto y fragmentado, mutilado del *Logos*: «*Fuera de la materia no hay nada* –piensan, creen–, *el mundo no es más que un mecanismo súper complejo...*», etc. De modo que no existe realmente un arquetipo masculino y otro femenino que se exprese bilógicamente en el cuerpo o a través del cuerpo, en la disposición anímica de hombres y mujeres; no existe una polaridad universal manifestándose a través de dicha diferencia en el plano humano. Ves un perro o un gato en la calle y no salta a la vista si son machos o hembras. Por supuesto, es un poco distinto con los leones y las leonas, pero aparte de la melena y el tamaño del macho –además de los órganos sexuales–, no hay mucho más que los distinga. Pasa lo mismo con muchas especies, y cada vez más con los propios seres humanos. Sucede que las características sexuales secundarias se expresan de manera escalonada en todo lo que vive y palpita bajo el sol, siendo cada vez más evidentes en tanto nos remontamos de un nivel a otro: del reino vegetal al animal, y de éste al humano.

Pero el globalismo progresista necesita tanto de hombres emocionalmente castrados, privados de fuerza intelectual y de valor, como de mujeres despojadas de femineidad y de instinto maternal, e incluso de espiritualidad, de interioridad, de capacidad transformadora de la realidad. Es en esa carencia de lo masculino y de lo femenino en sí que radica el anclaje de la voluntad en el nivel de los instintos, reflejando una irrefrenable atracción hacia lo meramente animal, cuya consecuencia es la ruptura con el orden natural, la negación de la vida y de la propia matriz —de eso se trata, a fin de cuentas, el aborto—, con la profanación de iglesias como símbolo de esa actitud profundamente sacrílega.

En Occidente, preciso es reconocerlo, es cada vez más difícil encontrar hombres y mujeres con mayúsculas; en cambio, proliferan los machos y las hembras de fachada, empoderados, presuntuosos, superficiales; además, claro está, de una vasta pluralidad de seres anímicamente castrados.

Para los *arquitectos* del mundo, para los ingenieros sociales, la sociedad ideal es indiferenciada, por eso tienen sueños húmedos con la igualdad. Si al hombre le quitas la masculinidad, sólo queda el macho; si le quitas la feminidad a la mujer, sólo quedará la hembra. Mientras más iguales, mientras menos diferenciados, mejor.

Así las cosas, no es de extrañar que de un momento a otro sacaran de su roñosa chistera de mago lo de los cien o más géneros, que lo reduce todo a penes y vaginas: «Si tu "género" no concuerda con tu cuerpo [*Ya nos encargaremos nosotros, los biempensantes del mundo, progresistas todos, de introducir dudas en las mentes previamente debilitadas de las masas, especialmente de los más jóvenes*], simplemente te llenas artificialmente de hormonas y te operas ese cuerpo desubicado que no respeta tus sentimientos. ¡Que se vaya a la mierda la naturaleza! ¡Habrase visto, hacer nacer machos en cuerpos de hembras, y viceversa!».

He aquí la raíz de la barbarie: ¡se están animalizando por voluntad propia! Para ellos sólo existe el *cuerpo*, la materia. A partir de esa creencia, lo primero a lo que le dan la espalda es al alma [Si, ¡se *des-alman* por voluntad propia estos pajaritos de Dios!]. No es de extrañar entonces que vivamos entre zombis. Muchos ya ni siquiera se emocionan conformándose con pulular aletargados por las calles del mundo, insensibilizados, vegetando a lomos de su hambre insaciable −insatisfechos, después de todo, con la vida superflua que los condenaron a vivir−, esclavos de sus instintos desnudos, de sus bajas pasiones.

Y mientras más anestesiada el alma, peor se va poniendo la cosa. La maldad, la violencia, la crueldad que vemos en las calles todos los días, tiene esa raíz. ¿Querían un mundo sin hombres de verdad, un mundo lleno de mujeres a medias despojadas de su instinto de ser madres? Pues ya lo tienen, es cosa de asomarse a la calle. Y es un mundo oscuro, cada vez más violento, habitado por seres que involucionan aceleradamente hacia el animal.

En relación a la desmasculinización de los hombres, a esa escasez de testosterona que los arquitectos del mundo post-humano fueron induciendo a fuerza de propaganda y operaciones psicológicas, además de manipular los alimentos que nos llevamos a la boca, sólo añadiremos algo más: El 8 de junio de 1978, cuatro años después de ser expulsado de la URSS, Alexander Solzhenitsyn pronunció un notable discurso en una ceremonia de graduación de la Universidad de Harvard. En la ocasión, el Premio Nobel de Literatura dijo:

«La merma de coraje puede ser la característica más sobresaliente que un observador imparcial nota en Occidente en nuestros días. El mundo Occidental ha perdido en su vida civil el coraje, tanto global como individualmente, en cada país, en cada gobierno, cada partido político y, por supuesto, en las Naciones Unidas. Tal descenso de la valentía se nota particularmente en las élites gobernantes e intelectuales y causa una impresión de cobardía en toda la sociedad».

El autor ruso remata preguntando a los más de quince mil asistentes al evento: «¿Habrá que señalar que, desde la más remota antigüedad, la pérdida de coraje ha sido considerada siempre como el principio del fin?».

EL ASPECTO FISICOQUÍMICO
DE LA «GUERRA CULTURAL»

Como sabemos, la actual crisis chilena surge en el contexto de un ataque frontal contra los valores de la civilización occidental. Chile no está aislado del mundo, la ola de insensatez y violencia que está arrasando al país forma parte de un tsunami global de fuerzas disolventes, corruptoras, intrínsecamente perversas. No se trata sólo de política y marxismo, como suelen creer los ilusos, ni del incontenible avance de las diversas corrientes progresistas que han sido puestas de moda por los promotores del Nuevo Orden Mundial de la mano del intrincado Sistema de las Naciones Unidas, que ha resumido los principios de esta agenda en los Objetivos de Desarrollo Sostenible, la llamada Agenda 2030 de la ONU; se trata también de la profunda penetración en las altas esferas del poder mundial de los intereses del crimen organizado, entre los que destacan las actividades de los carteles del narcotráfico y las mafias dedicadas al tráfico de armas y de personas con diversos fines —prostitución, comercio de órganos, sacrificios humanos, etc.—, incluyendo niños. Lo lamentable es que muchas veces los intereses de estas «industrias», que mueven cifras astronómicas[2], parecen correr en paralelo o coincidir con los

---

[2] Según estimaciones de la Oficina de Naciones Unidas contra la Droga y el Delito (UNODC), el dinero generado por el crimen organizado transnacional representa un 4% del PIB mundial (unos 3,76 trillones de dólares). Se estima que los activos lavados a nivel global representan entre el 2 y el 5% del PIB global (es decir, entre 1,88 y 4,7 trillones de dólares). Fuente: "La DOT sería la décima economía del

objetivos no muy santos de la comunidad de inteligencia de las potencias hegemónicas, que, huelga decirlo, no representan en modo alguno los intereses de los pueblos de dichas naciones.

En este escenario, debemos preguntarnos: ¿Cómo es que estos intereses espurios fueron ganando terreno a nivel global? ¿Cómo es posible que la gente se trague tan fácilmente las mentiras, el engaño, creyendo que los promotores de la agenda global están pensando en el bienestar de la humanidad? ¿Por qué es tan difícil, e incluso peligroso, asumir un discurso basado en la razón, el sentido común y la búsqueda honesta de la verdad, así como en la defensa de la dignidad humana y de la vida, la familia, la propiedad privada, el orden, la libertad?

Importancia del discurso y la narrativa: necesitamos contarnos cuentos

En general, tendemos a creer que nuestras opiniones son racionales, pero la mayoría de las veces esto no es así. A no ser que hayamos entrenado conscientemente la facultad de pensar —pero del pensar verdadero, que es la herramienta natural a través de la cual el ser humano puede penetrar en el verdadero significado de las cosas—, la razón suele ir a la zaga de las creencias, prejuicios y emociones, transformándose en una especie de apéndice de nuestras entrañas. El acto de pensar no tiene nada que ver con la mera ilación de ideas y conceptos que usualmente se confunde con el pensamiento.

En el terreno que nos interesa, la neurociencia ha identificado la forma en que las personas adoptan posiciones morales y políticas. En este caso, la razón, contrariamente a lo que se cree, suele subordinarse a la emoción, a los sentimientos, a las sensaciones. Se trata, en el fondo, de un despliegue de impulsos más que resultado de un proceso de razonamiento lógico y coherente. Las emociones, que definen las coordenadas psicológicas a partir de las cuales nos

---

mundo si fuera un país". El Economista, 7 de julio de 2022. [DOT: Delincuencia Organizada Transnacional].

enfrentamos al mundo, definen nuestras inclinaciones en relación a las ideas, creencias, acciones, personas, etc. Así, posicionarse moral y políticamente depende, en definitiva, del punto de vista que adoptemos en la vida, es decir, del discurso que asumimos como propio, la tan mentada *narrativa*. De ahí la importancia de la poesía, de la literatura, del cine, del arte en general, de la mitología, de la fe. Porque allí donde ponemos el corazón, florece y echa raíces el discurso apropiado. Es así de sencillo.

La construcción de la memoria, por otra parte, es también un proceso subjetivo que se nutre, más que de los datos duros de la realidad —por ejemplo, el sexo biológico o la cantidad de electrones que tiene un átomo de carbono—, de las «formas de pensar» del individuo, de sus creencias, opiniones y supuestos, así como de sus razonamientos aprendidos e internalizados que dan forma a sus prejuicios, convicciones y certezas. Será esa narrativa o discurso, ese *relato* que asumimos como verdadero, ese cuento que nos contamos a nosotros mismos sobre nuestra vida y sobre los hechos de la realidad, lo que determinará nuestra interpretación de dicha realidad. Esto significa que adaptaremos nuestra óptica a la narrativa personal.

Desde este punto de vista, hacer política implica, en última instancia, lograr que el relato que se ajuste a nuestras convicciones e intereses se transforme en un relato colectivo; es decir, que sea asumido como propio por la mayor cantidad posible de personas, lo que resulta especialmente trascendente en períodos de elecciones donde se requiere convencer al menos a un 50 por ciento más uno de los votantes de que nuestra «forma de pensar» es la correcta. Ni qué decir si de lo que se trata es de ganar la calle o de movilizar gente para ir a la guerra.

Fisiológicamente los recuerdos no son más que una red de tejido neuronal. Los pensamientos, por su parte, son impulsos nerviosos, corrientes electroquímicas fluyendo través de esta red. Se trata, debemos tenerlo en cuenta, de una red dinámica, mutable, pues está sometida a permanentes transformaciones, pudiendo cambiar de forma, densidad y tamaño según se almacenen nuevos recuerdos o cambie nuestra interpretación de la realidad. Como vimos, las emociones son fundamentales en este proceso, de ahí la importancia del relato del mundo que hacemos propio, el cual cumple un rol significativo en la configuración de esa red de neuronas y en el lugar del cerebro en que se almacena. En general sólo recordamos aquello que tiene un significado para nosotros, sea positivo o negativo. Influirá en este proceso lo que es relevante desde nuestra particular visión del mundo. Sea lo que fuere lo que creamos respecto de la realidad, nuestras experiencias dejarán una impronta en nuestro cerebro que calce con esa creencia. Si creemos que alguien es «bueno» o «malo» o «inteligente», tenderemos a hacer calzar nuestra percepción de los hechos con nuestra opinión preconcebida. Es decir, el sesgo cognitivo tiene una base funcional en el cerebro. La evidencia importa menos que el significado que le asignemos a aquello que percibimos. Así es como los hechos concretos pierden relevancia frente a la interpretación que hacemos de los mismos, la cual dependerá a su vez de nuestras creencias, inclinaciones, opiniones y prejuicios.

De modo que, si queremos influir en lo que la gente «piensa», tendremos que trabajar para cambiar su configuración neuronal, remodelar patrones, afectar la química cerebral. Y, por supuesto, para lograrlo es preciso que comprendamos que tendremos que ser capaces de generar un discurso, un relato, una *narrativa* seductora que le de sentido al mundo de allá afuera. ¡Es lo que debemos hacer justo ahora, en medio del caos, cuando es más necesario!

Es decir, necesitamos generar una concepción del mundo sabia y ordenada con el potencial de darle sentido a la vida de cada uno. Por ejemplo, hacer comprender a un creciente número de personas que la vida es un concierto en que cada uno tiene su parte; y que en el momento en que cada quien decida unirse a ese concierto, a ese coro, la partitura ha de conducirle a buen puerto [en otras palabras, convencer a la gente que el mundo será un lugar mejor si todos nos ceñimos a una partitura que ha sido concebida con inteligencia y sabiduría]. Una idea tal operará como un cóctel fisioquímico maravilloso para el cerebro, ordenando la red neuronal en arreglo a esa armonía ansiada y ofrecida como discurso: todos tenemos cabida, todos somos importantes, todos valemos en tanto respetemos la partitura.

En suma, cambiar el mundo se trata de una guerra con muchas batallas y escaramuzas, una guerra en que las municiones no son balas sino pensamientos, sentimientos y emociones que mueven voluntades.

Los tres frentes del contradiscurso

Dicho esto, debemos definir los tres frentes en los que hemos de librar esta guerra, que es una guerra cultural —¡y fundamentalmente espiritual!— más que una lucha descarnada de los unos contra los otros:

Para articular esta respuesta y levantar un discurso alternativo al modelo revolucionario se necesita delimitar los escenarios. Para ello resulta indispensable tener en cuenta las tres facultades esenciales del alma humana:

PENSAMIENTO – SENTIMIENTO – VOLUNTAD

Esto nos permite identificar los escenarios o niveles en que debemos trabajar:

- La **batalla de las ideas** se libra en el plano del pensamiento.

Son las ideas que nos hacemos de la realidad las que definen quiénes somos y qué papel desempeñamos en el mundo. Por tanto, si pretendemos influir en la sociedad debemos procurar instalar nuestras ideas en las mentes de las personas apelando al pensamiento y la racionalidad. Mediante esta batalla de las ideas le brindamos coherencia lógica a nuestro discurso.

PENSAMIENTO = DICURSO LÓGICO, RACIONAL
(INFORMACIÓN–CONOCIMIENTO–REFLEXIÓN)

- La **batalla por los corazones**.

Siendo la emotividad un elemento fundamental entre los mecanismos que regulan la forma en que nos insertamos en el mundo, es preciso comprender que no basta con influir en lo que las personas piensan. De hecho, es casi imposible influir en el modo de pensar de un individuo si previamente no se ha ejercido influencia sobre su estado de ánimo y/o su disposición emocional respecto de aquello hacia lo que pretendemos dirigirlo.

SENTIMIENTO = EMOCIONES, IMPRESIONES
(PERCEPCIÓN), SENSIBILIDAD

- La **batalla por la voluntad**.

Por supuesto, no basta con influir en lo que las personas piensan y sienten. Para completar el círculo resulta indispensable operar en el nivel de la voluntad a objeto de motivar a las personas hacia la acción y facilitar la expresión material de aquello que primero obró en los planos superpuestos del pensamiento y la emotividad.

Por ejemplo, en el ámbito de la política, esto implica influir en el modo en que las personas votan o en pos de qué se movilizan.

VOLUNTAD = ACCIÓN, COMPROMISO POLÍTICO,
ACTIVISMO

El paso previo ineludible

Sin embargo, antes de comenzar a concebir, elaborar y diseminar el contradiscurso hay que dar un paso previo que, como se deduce de lo dicho más arriba, supone la necesidad de ser honestos a fin de forjar una *visión de mundo* acorde con los principios y valores que se pretende representar. De esa visión de mundo surgirá más adelante, de manera natural, un proyecto histórico y luego un proyecto político que, de manera natural, encontrará los causes de expresión más adecuados a sus fines, facilitando el surgimiento de los líderes que representen fielmente dicho proyecto.

Porque pretender poner la carreta antes que los bueyes es, a todas luces, una soberana estupidez.

LA DECONSTRUCCIÓN DE CHILE

[**Nota de El Editor:** *Este texto es de enero de
2020. Lo publicamos
como testimonio de la huella sombría que ha
dejado en el alma de la nación el actual
proceso insurreccional, más allá incluso de la
destrucción de la infraestructura urbana*]

Aflige pasar por la Plaza Baquedano hoy en día. Recorrer el eje Alameda entre la antigua Plaza Italia y la Estación Central nos ofrece una metáfora de este nuevo Chile surgido de nuestra *Revolución de Octubre*. En los seis o siete kilómetros que hay entre un punto y otro se condensa toda la herencia de los hijos de esta insurrección criolla, el Chile del odio y de la depravación, el de la anomia intelectual y la falta de imaginación, el de la estrechez de miras y la ignorancia supina en el que campea a sus anchas el ansia adolescente de darlo vuelta todo —¡como en el mundo del revés de las canciones infantiles!—, que es un poco como humillar al padre y violar a la madre, todo de una vez, en represalia por la insignificancia heredada de un pasado anodino y por la falta de sentido.

De esa nadería extrema surge en algunos enajenados el impulso por lo que llaman la *deconstrucción* de Chile, asestando una puñalada artera al alma nacional. Hablamos del instinto de desmontar y disolver las bases espirituales de lo que somos, de desbaratar nuestras instituciones, tradiciones, costumbres y creencias, reinterpretando nuestro modo de pensar, sentir y vivir la tierra que nos vio nacer. Deconstruir Chile implica reescribir su historia, destruir todo lo edificado antes del nacimiento espurio del nuevo paradigma «liberador», labrado a pulso en medio de una lucha escatológica y refundacional de los que sólo han aprendido a flotar en la viscosa atmósfera de sus pulsiones básicas. Este movimiento de vísceras implica un cambio *per se* sin sentido, atado a un instinto adolescente por rehacer el mundo, por repensarlo, resignificándolo a partir de meros eslóganes y cánticos a ras de suelo de niños malcriados que juegan a ser grandes destruyendo lo que otros, sin duda más grandes que ellos, construyeron.

El juguete —¡el país, su historia y sus símbolos!— *es mío y no te lo presto*. Punto.

Sí, el infantilismo de las turbas hizo metástasis en las calles de Chile. Pero no se queda ahí el gusano que roe el alma de los hijos de esta larga, angosta y huérfana franja de tierra. En el extremo, tirando de los hilos de la primera, segunda y tercera líneas —y de todas las demás «líneas» hasta llegar a los prosaicos escenarios intramuros de las vidas nimias de los que apoyan las protestas frente a la pantalla del televisor—, están los orcos y «dementores» de la hoz y el martillo, las fuerzas oscuras del resentimiento y la intolerancia, supremos estrategas del absurdo, manipuladores del drama y la comedia, indigestados de discursos y arengas incendiarias, sin otro norte que conquistar el poder para destruirlo todo, emulando, consciente o inconscientemente, al gran cacique Michimalonko, señor del valle del Aconcagua, el primer destructor de Santiago —en ese entonces *Santiago del Nuevo Extremo*— hace 478 años, ¡un 11 de septiembre de 1541! Pero Michimalonko, a diferencia de ellos, estaba defendiendo su mundo, sus tierras ancestrales, mientras que los actuales incendiarios sólo buscan tumbar el obstáculo que les impide imponer su ideología del odio y establecer por la fuerza su satrapía marxista en contubernio con narcotraficantes y delincuentes.

La Alameda de hoy se parece más a una postal de Alepo que al Santiago de hace apenas unos meses, cuando despuntaba la primavera. Da la impresión que por ahí pasaron Atila, Gengis Khan y los cuatro jinetes del Apocalipsis juntos: edificios dañados, iglesias quemadas, paraderos destruidos, las aceras desnudas de adoquines, los muros saturados de grafitis. El triste espectáculo está coronado por las masas de vagos y delincuentes que, acampando por doquier, pululan ahora por sus calles, orgullosos, impunes, ebrios de poder. En suma, la columna vertebral de la capital de Chile, la antigua *Alameda de las Delicias*, yace hoy, maltratada, agraviada, ultrajada, exánime y sin esperanzas, secuestrada por la borra de la sociedad.

Ahora, con Chile de rodillas, imposible no pensar en lo hermosa que estaba hace sólo cien días la Plaza Baquedano, ¡el corazón de Santiago! Da pena ver lo que hicieron con la imponente estatua del prócer invicto del Ejército de Chile, profanada mil veces por las turbas enajenadas, rayada y mutilada, ya sin la compañía silenciosa de la estatua al Soldado Desconocido, mancillada, como todo lo demás en el entorno, en nombre de la supuesta «dignidad» de un pueblo que se deshonró a sí mismo en el altar de la ignorancia. Como silente testigo del agravio permanece aún, cruzando el eje norte de Providencia, la augusta y poco conocida imagen del monumento vecino de la Plaza Italia, el Genio de la Libertad, ofrenda de la Italia de Víctor Manuel III para el centenario de la independencia nacional.

Es curioso como apelan a la «dignidad» los profanadores del alma de Chile mostrando a contraluz su abismal ruindad y su bajeza. Porque invocan, precisamente, aquello de lo que carecen bautizando de manera espuria la zona cero de su ataque artero —donde celebran a destajo sus orgías— con el adjetivo que nos muestra, en negativo, su verdadera naturaleza degenerada.

Para finalizar, un dato curioso. Pocos saben que Baquedano fue presidente interino de Chile —¡por dos días!— tras la caída de Balmaceda en 1891, cargo del que fue defenestrado por no haber podido detener los saqueos a las propiedades de los derrotados de la guerra civil. Es decir, más de un siglo después, el pobre general vuelve a ser víctima del desenfreno del «pueblo» que lo vio nacer y prosperar, como si el alma de Chile se congraciara de tanto en tanto en la autodestrucción, el suicidio, el amancebamiento con la muerte menos digna de todas: la del cobarde.

LA IMPORTANCIA (O INSIGNIFICANCIA)
GEOPOLÍTICA DE CHILE

¿Cuánto pesa Chile en el tablero de ajedrez (o de go) de la geopolítica mundial? ¿Qué tan relevante es este país desde el punto de vista de las fuerzas que se disputan el dominio del mundo? La respuesta a esta interrogante podría ayudarnos a entender la razón de que estemos, hoy en día, contemplando la muerte (espiritual) de Chile. Porque, digámoslo de una vez, a nivel simbólico Chile entró en trance de muerte la madrugada del 12 de marzo de 2021, y expiró la noche del 21 de octubre de ese mismo año cuando se retiraron de Plaza Baquedano, ese punto neurálgico de la capital de la nación –¡la zona cero de la revolución en curso!–, el monumento al General Manuel Baquedano y los restos del soldado desconocido.

¿Pero por qué el Chile republicano y floreciente de las últimas décadas, superior en tantos aspectos al resto del continente, tenía que ser defenestrado? Sin duda la degradación de Chile se produjo porque nuestro país se puso, de algún modo, en el camino de ciertos intereses. Dilucidar cuáles son esos intereses resulta crucial en función de lo que los hombres y mujeres bien nacidos de este país tendrán que hacer para volverlo a la vida; esto es, dar forma al Chile del futuro a partir de los restos del actual, sobre cuyos despojos vegetamos hoy como en trance, semidormidos, muchos entre nosotros presos aún de la falsa ilusión de que algo sucederá en el último momento que nos salve del cruel destino que le espera a nuestra patria bajo la férula de las marionetas de esos mismos intereses que hoy, relamiéndose entre las sombras, celebran la caída del mejor país de Hispanoamérica. De cualquier modo, es forzoso reconocer que había voces que llevaban años advirtiendo que los síntomas de lo que finalmente sucedió llevaban años manifestándose en todos los ámbitos de la vida de la nación. La muerte de Chile, aunque nos duela, la llevábamos en el alma.

De cualquier modo, digámoslo también: a nivel arquetípico sólo es posible sobrevivir a las fuerzas de la muerte invocando las fuerzas de *resurrección* que hoy yacen dormidas en el corazón de todo chileno que aun esté en posesión de un alma.

Bien, volvamos a la pregunta que hicimos al principio: ¿Cuál es la importancia de Chile desde el punto de vista geopolítico?

Veamos:

En un artículo del sitio web italiano Difesa Online se hace una interesante descripción de la situación geoestratégica del país:

«Chile está ubicado en el área geoestratégica denominada Cono sur, se puede definir el *Sur del Sur*, la zona más alejada del aliento de los EE.UU. Más aún, Chile es una inmensa franja de tierra que conforma el lejano oeste de esta zona. Está al *sur del sur* y al *oeste del oeste*. Así se asoma al Pacífico, el océano donde China, la segunda potencia mundial, intenta apostar por su ascenso; y a la Antártida, de la que Chile, que se autodenomina *Tierra del sur*, se dice rampa de lanzamiento y ambicioso arpón. Aquí ya están definidas las primeras coordenadas geopolíticas del partido chileno...».

China y la Era del Pacífico

Es claro que esta es una de las claves: Chile tiene, además de enormes riquezas naturales, 4.200 km de costas en el Océano Pacífico. Siempre se dice que la civilización occidental nació en el Mediterráneo, aunque internamente inclinada, influida quizás por un impulso metafísico porque el cristianismo es una religión solar, a seguir la trayectoria del sol. En efecto, la antorcha civilizadora pasó sucesivamente de Grecia a Roma, de Roma a Europa y de Europa a América. En el momento del descubrimiento del Nuevo Mundo, el Mediterráneo, el *mare nostrum*, dejó de ser el centro del tablero traspasándole su preeminencia al Atlántico, el amenazante *mar exterior* del medioevo. Al cabo de unos siglos –un parpadeo en la historia humana–, los Estados Unidos se irguieron como potencia hegemónica global, especialmente a partir de la llamada *Pax Americana*, situación que consagró la supremacía de este país tras el fin de la Segunda Guerra Mundial.

Pero la marcha hacia el oeste ha continuado inexorable y, hoy en día, a medida que los pueblos de Asia y de Oceanía han ido incorporándose al festín del desarrollo económico –a la par que el alma de los Estados Unidos y de la vieja Europa va siendo corroída por sus enemigos internos–, el Pacífico, el *mar del sur*, asoma como nuevo centro del tablero de la geopolítica mundial. Así, Chile, de estar en el fin del mundo –al *sur del sur* y al *oeste del oeste*–, se encuentra de pronto en primera fila en el nacimiento del mundo que ha de emerger en la naciente Era del Pacífico.

Por lo demás, Estados Unidos, con costas en ambos océanos, ha envejecido mal. A decir verdad, no le está sentando muy bien el cambio de foco a la patria de Washington, Jefferson y los demás, especialmente luego de la traición de parte de su élite, hoy concentrada en eso que se ha dado en llamar *el Estado Profundo*, cuyas lealtades ya no calzan con frontera alguna.

De modo que la República Popular China está emergiendo, a todas luces, como futura potencia hegemónica. Y con China nos encontramos, como el lector adivinará, con el primer interesado en Chile (y en el resto del continente, claro está). China lleva décadas construyendo los cimientos de su reverdecer imperial, y lo más probable es que el 2049 festeje el centenario de su revolución siendo, efectivamente, la potencia hegemónica planetaria.

¿Qué le interesa a China de Chile?

Sin duda no se trata sólo del cobre, el litio y las demás riquezas naturales, sino el territorio en sí. Entre otras cosas, en algún momento la comunidad internacional tendrá que definir qué países tendrán derecho a reclamar soberanía sobre la Antártida. Chile es, recordémoslo, uno de los siete signatarios originales del Tratado

Antártico. Y Beijing, a no dudarlo en cuanto futura capital imperial del mundo, no querrá estar fuera de la mesa de negociaciones. El país asiático ya tiene una base soberana en territorio argentino, específicamente en la localidad de Bajada del Angrio, en el departamento Picunches, provincia de Neuquén, a unos 50 km de la frontera con Chile. Se trata de la *Estación de Espacio Lejano*, perteneciente a la Administración Espacial Nacional China. La estación forma parte de la Red de Espacio Profundo de China (CDSN), una red de grandes antenas e instalaciones de comunicación que se utilizan para las misiones espaciales del país asiático. La estación es gestionada por la Dirección General de Control de Lanzamiento y Seguimiento de Satélites de China (CLTC), dependiente de la Fuerza de Apoyo Estratégico del Ejército de la República Popular de China. Es decir, en pocas palabras, a escasa distancia de la frontera de Chile, más o menos a la altura de Curacautín, existe una base de comunicaciones operada por el ejército del gigante chino.

El comercio con Asia es otro punto a considerar. En la actualidad más de la mitad de la población mundial vive en Asia (4.800 millones de seres humanos sobre una población global de 8.000 millones, en cifras aproximadas). En enero del presente año [2022] entró en vigor la *Asociación Económica Integral Regional* (RCEP), conformada por 15 países de Asia Oriental y el Pacífico (Australia, Brunéi, Camboya, China, Indonesia, Japón, República de Corea, Laos, Malasia, Myanmar, Nueva Zelanda, Filipinas, Singapur, Tailandia y Vietnam), transformándose en el acto en el mayor bloque comercial del mundo por tamaño económico según un reciente estudio de la Conferencia de las Naciones Unidas sobre Comercio y Desarrollo (UNCTAD). Se trata del mayor acuerdo comercial del planeta, concentrando un tercio del PIB mundial. Según este organismo, «el tamaño económico del bloque emergente y su dinamismo comercial lo convertirán en un centro de gravedad para el comercio mundial. [...] En comparación, los otros grandes acuerdos comerciales regionales en términos de su peso en el PIB mundial son el bloque comercial sudamericano Mercosur (2,4%), la Zona de Libre Comercio Continental Africana

(2,9%), la Unión Europea (17,9%) y el acuerdo entre Canadá, los Estados Unidos y México (28%)». [VER: *Pacto comercial entre Asia y el Pacífico crea un nuevo «centro de gravedad» para el comercio mundial*. UNCTAD, 15 de diciembre 2021].

La importancia de este mercado va mucho más allá del mero comercio entre países, y veremos porqué.

Crimen organizado, narcotráfico y terrorismo

Chile, de este modo, se transforma en una importante plataforma para la salida y entrada de productos entre Sudamérica y este bloque. Por supuesto, el interés en este mercado va más allá del comercio de mercancías reguladas o legales… también están las otras. En los últimos años el mercado de drogas en la región Asia-Pacífico ha seguido expandiéndose y diversificándose. Y durante la pandemia [ojo con este dato], mientras en el Hemisferio Occidental –léase América del Norte y Europa–, las restricciones de desplazamiento y los controles fronterizos afectaron el comercio de drogas interrumpiendo las cadenas de suministro y haciendo subir los precios, en el Asia-Pacífico el mercado de drogas no sólo goza de buena salud sino que se ha incrementado.

Así las cosas, la actividad en los puertos de salida del Pacífico Sur se ha intensificado, puertos chilenos incluidos. En resumen, el crimen organizado y el narcotráfico es otra parte interesada en la estabilidad (o inestabilidad) de Chile.

En un artículo de **El País Digital** de diciembre de 2020, leemos: «El rol geoestratégico de Chile en las rutas del tráfico de drogas no se vio mermado por la contingencia sanitaria [...] La ruta del Pacífico se convirtió en generadora de accesos hacia América del Norte, Europa, Oceanía y Asia, y los puertos chilenos en facilitadores para que las organizaciones criminales siguieran operando, ya que éstos han continuado funcionando debido a que el 96,4 % del comercio exterior de Chile se realiza por esta ruta. [...] La búsqueda de nuevas rutas comerciales en Latinoamérica hace de Chile un país altamente atractivo para el tráfico de drogas ya que presenta una infraestructura portuaria permeable y un importante mercado de consumo de cocaína y marihuana. El Cartel Jalisco Nueva Generación (CJNG), calificado por el Gobierno mexicano como el más peligroso y violento, parece haber comprendido el rol geoestratégico de Chile en el Pacífico Suroeste y ha comenzado a utilizar esta ruta para ingresar marihuana a través de los puertos chilenos [VER: *Chile y el narcotráfico a través de la ruta del pacífico*, por Valeska Troncoso. El País Digital, 27 de diciembre de 2020].

El Cartel de los Soles, es otro integrante del tenebroso club de interesados en hacerse con una plataforma de negocios en el Cono Sur. Según un artículo publicado en el portal *Insight Crime*, este cartel «es una red porosa y fluida de células traficantes arraigada en las fuerzas de seguridad venezolanas, y facilitada, protegida, y, en ocasiones, dirigida por actores políticos». Debemos tener claro que estamos hablando de una de las estructuras criminales más grandes del mundo, la cual sería dirigida, según se dice, por el propio Nicolás Maduro y Diosdado Cabello.

Podemos sacar interesantes conclusiones a partir de lo que se dice en este reportaje:

«"El Cartel de los Soles tal como lo conocimos puede que ya no exista", dijo a InSight Crime el analista de seguridad Douglas Farah, quien ha dirigido investigaciones sobre las conexiones criminales de los chavistas en Venezuela. "El Cartel ha pasado de ser una estructura militar y se ha abierto a la entrada de civiles y actores criminales con verdadero poder económico". El propósito central del Cartel de los Soles continúa siendo el mismo de siempre: ayudar a un presidente chavista a aferrarse al poder. Sin embargo, los retos que enfrenta Nicolás Maduro han cambiado a medida que el país se ha precipitado a una crisis económica y política. [...] En este contexto, el Cartel de los Soles ha cambiado para ajustarse a estos desafíos, y ha pasado de ser una red de tráfico poco cohesionada a convertirse en un elaborado sistema de patronaje utilizado para distribuir la riqueza del tráfico de drogas entre quienes, en los ojos de Maduro, son necesarios para mantener la estabilidad del régimen. Al igual que Chávez, Maduro sabe que debe mantener a los militares de su lado si quiere seguir siendo presidente. Pero, a diferencia de su antecesor, Maduro no tiene dinero para pagarles: el colapso de la economía venezolana ha hecho que los salarios de los militares rasos caigan a menos de US$20 al mes.

«Adicionalmente, el ejército ha permanecido más cerca del hombre que esperaba suceder a Chávez y que ha liderado una facción rival dentro del chavismo desde que esos sueños se desvanecieron: Diosdado Cabello. Así pues, Maduro tuvo que encontrar una manera de pagarles a sus soldados y comprar el apoyo de los comandantes del ejército, al tiempo que restringía la capacidad de los generales para acrecentar su poder personal de manera que no se convirtieran en una amenaza para el mandatario. El narcotráfico ha sido central para lograr esto. Bajo el mando de Maduro el poder ha sido dispersado mediante la inversión de la jerarquía militar tradicional. Mientras que antes era muy raro alcanzar el rango de general y convertirse en un "sol", hoy en día el ejército venezolano cuenta con unos 2.000 generales [...] Ascender al rango de general ofrece acceso a lucrativos puestos en las regiones, que a menudo son más codiciados que los rangos superiores del alto mando militar. "Los altos cargos [militares] se otorgan a quienes son leales al jefe", afirmó el ex general. "Son ubicados en puestos desde donde pueden manejar negocios sucios, como las regiones fronterizas de tráfico de drogas". Tanto las posiciones de mando como los rangos inferiores cambian cada año, lo que permite distribuir el acceso a las ganancias criminales entre las fuerzas armadas, al tiempo que los militares se mantienen subordinados a los poderes políticos que determinan esos puestos. "No hay un Cartel de los Soles, porque un cartel no podría sostener todos los 'soles'", afirmó Sebastiana Barráez, periodista venezolana especializada en temas castrenses. Lo que hay son militares que están involucrados en el narcotráfico debido a los cargos que ocupan en determinado momento".

«El hecho de que se haya pasado de células traficantes incrustadas en el ejército a un sistema de narcotráfico donde el ejército es una pieza de muchas, refleja los cambios en el comercio de cocaína. Los todopoderosos carteles del pasado han quedado en la historia, y actualmente la mayor parte del tráfico de drogas es realizado por redes ad hoc que son conformadas para cada tarea y luego son disueltas. En Venezuela esto significa que el universo de unos pocos traficantes respaldados por pesos pesados del Cartel de los Soles se ha fragmentado en una multitud de redes de transporte, pandillas territoriales y narco-intermediarios. Incluso el rol de las FARC se ha atomizado, luego de la desmovilización del grupo en 2017, lo que ha dejado un vacío de poder que ha sido llenado por varios grupos disidentes de las FARC y el ELN. Tanto en el ejército como en el hampa, los rostros de quienes trafican cocaína cambian constantemente, pero el sistema sigue siendo el mismo. Todos conforman lo que la investigadora venezolana Maibort Petit denomina una "red de redes", en la que las drogas pasan por las manos de varios intermediarios, tanto militares como criminales, a medida que atraviesan el país». [VER: *Más allá del Cartel de los Soles*, por Unidad de Investigación de Venezuela. Insight Crime, 2 de mayo 2022]

Esto refleja bastante bien lo que pudiera estar comenzando a suceder en Chile, donde las actividades criminales, narcotráfico incluido, suponen la creación de una amplia red de apoyo en todas las estructuras del Estado. La corrupción deviene, de este modo, en un arma central para favorecer el avance de este tipo de actividades.

A su vez, es claro que el gobierno venezolano había llegado a un punto en el que, o abría nuevas zonas de influencia en el continente para extender su área de operaciones criminales, o colapsaba por el propio peso de sus conflictos internos teniendo en cuenta los innumerables problemas económicos y financieros derivados de la aplicación del socialismo, así como la extensa corrupción de sus estructuras de poder. En suma, el régimen necesitaba más dinero, había que expandir el negocio de la droga y acceder a los puertos del Pacífico. Y Chile estaba en el camino, más aún después de la provocación de Piñera en Cúcuta a principios del 2019, cuando el ex mandatario viajó a esa ciudad colombiana para armar un show junto a su par Iván Duque en medio de la entrega de ayuda humanitaria al pueblo venezolano, respaldando de paso al autoproclamado Presidente Encargado de

Venezuela, Juan Guaidó, en su intento por provocar la caída del gobierno de Maduro. Desde ese momento, era cuestión de tiempo para que se materializara la respuesta del gobierno venezolano: entre otras cosas, se había abierto la puerta para el envío de decenas de miles de venezolanos a Chile, con delincuentes y asesinos liberados de las cárceles entre ellos, además de un amplio número de milicianos, hombres comprometidos no con la revolución, sino con las actividades criminales.

Por supuesto, el Cartel de los Soles no es la única organización criminal presente a estas alturas en Chile. Sabido es que también se han hecho presentes el Clan del Golfo (Colombia), los carteles mexicanos de Sinaloa, Tijuana y Jalisco Nueva Generación, el Tren de Aragua, etc. Y merece una mención especial el PCC brasileño. Se dice que el *Primeiro Comando da Capital* («Primer Comando de la Capital») sería la organización criminal más poderosa de Sudamérica. En una nota publicada recientemente en El Mercurio se señala que

«el grupo está desde el 2019 en pleno proceso de expansión internacional y que, con un sistema de "franquicias", actúa de manera cada vez más abierta fuera de las fronteras brasileñas, como lo demostró recientemente tras ordenar el asesinato del fiscal antimafia paraguayo Marcelo Pecci durante sus vacaciones en el Caribe colombiano. "Tenemos información de que el PCC hace negocios en todos los países de Sudamérica, incluido Chile. El PCC funciona como una 'masonería del crimen', es decir, una fraternidad de empresarios independientes de los mercados ilegales. La lógica es la de ayuda mutua entre los delincuentes, con el fin de apoyar el progreso de cada miembro", comenta a El Mercurio el sociólogo Gabriel Feltran […], quien lleva más de 15 años investigando a la organización criminal. "Si hay algún miembro del PCC haciendo negocios en Chile, o incluso algún compañero no bautizado que actúa en la misma lógica del PCC, la facción está ahí"».

La nota continúa:

«El grupo se caracteriza por organizarse como una especie de hermandad secreta, en la que sus miembros –que se autodenominan "hermanos"– deben iniciarse con un "bautismo de sangre" ordenado por uno de los jefes de la "sintonía", la estructura jerárquica del PCC. A diferencia de otras bandas criminales, tiene un estricto código de conducta y de justicia propia, que impide, por ejemplo, el consumo de *crack* en las cárceles o las violaciones, e incluso defiende una supuesta "ética del crimen", con un estatuto que señala que sus integrantes deben comprometerse a "luchar por la paz, justicia, libertad, igualdad y unidad". [...] "No es un movimiento social, en el sentido de la búsqueda de valores universales. Son valores basados en la guerra, surgidos de grupos masacrados en prisiones brasileñas", dice Feltran, al destacar que sus códigos de ética y su "fraternidad criminal" son muy importantes. "Paz entre nosotros y guerra contra el sistema", dicen. Esa lógica de 'hacer lo correcto en el crimen' debe existir donde sea que esté el PCC». [VER: *"La expansión del PCC, la organización criminal más poderosa de Sudamérica"*, por Jean Palou Egoaguirre, El Mercurio, 26 de junio de 2022]

Asimismo, siempre asociado al crimen organizado, debemos contemplar la presencia de diversas organizaciones terroristas, que dependen a su vez del tráfico de drogas, armas y personas, entre otras actividades ilícitas que ya están presentes en Chile, como el secuestro y el sicariato, para financiar sus operaciones contra los Estados. Es evidente que en Chile, específicamente en la Araucanía, ya han clavado banderas grupos terroristas como las FARC y el ELN colombianos, el mexicano Ejército Zapatista de Liberación Nacional (EZLN) e incluso organizaciones islámicas Hamas y Hezbolá, como se deduce de lo escrito en estas mismas páginas a propósito del tema del avión de CONVIASA aterrizado en el aeropuerto de Santiago el 22 de junio recién pasado.

La mafia globalista

Tampoco es un misterio para nadie que el globalismo, a través de sus múltiples tentáculos, está detrás del fomento de la agenda globalista que ha inspirado el largo proceso de descomposición de la sociedad chilena (ideología de género, agenda LGBTI, aborto, cambio climático, indigenismo, multiculturalismo, etc.) que sembró las semillas de la revolución en curso. Todo el Sistema de las Naciones Unidas, el Foro Económico Mundial (o *Foro de Davos*) y las instituciones financieras de alcance global como el Banco Mundial y el FMI, entre otras entidades con fines similares, se encuentran empujando este tipo de temáticas, que no por casualidad forman parte de los Objetivos de Desarrollo Sostenible 2030 de la ONU (ODS). A esto debemos sumar el amplio espectro de organizaciones globalistas empeñadas en la creación de un «nuevo orden mundial», desde las más antiguas como el Club de Roma, la Comisión Trilateral, el CFR, el Club Bilderberg y la RAND Corporation, entre otras, hasta las que han cobrado mayor protagonismo en los últimos años, como el propio Foro de Davos, cuyos miembros son parte de una élite global neomalthusiana que, posando de filantrópica, se haya completamente comprometida en su misión de *des-almar* al ser humano y destruir la herencia de la Civilización Occidental. El sueño de estas élites pasa por construir un mundo homogéneo habitado por seres sin alma, indiferenciados, regido por una tecnocracia iluminada inspirada en el ideal supremo de sus amos: construir el mundo a su imagen y semejanza.

Los demás jugadores: Estados Unidos y Rusia

Ahora bien, debemos entender que Chile, al igual que el resto de América Latina, sigue siendo el *patio trasero* de Estados Unidos. Esto pone al país en el camino de otro tipo de intereses, aunque complementarios a los ya mencionados: la confrontación entre bloques. Y así tenemos, muy a grosso modo, a Estados Unidos y sus socios europeos por un lado; y por otro a los interesados en un mundo multipolar, con Rusia a la cabeza, interesada en convertirse en la nueva Roma. Muy atento, moviendo hilos aquí y allá, tenemos al Dragón chino que, como ya sabemos, se está preparando para ceñirse la corona de superpotencia hegemónica antes de mediados de este siglo. En esta lucha el tema ideológico no es más que un disfraz que se ponen y se sacan las partes para seducir a las masas embrutecidas. Por supuesto, para eso primero seducen a las élites de nuestros países con las mismas ideas y creencias que ellos, supuestamente, representan; cuando esto no es posible, sencillamente las compran o amenazan [**Nota:** Si nada de eso resulta con algún descolgado, simplemente lo borran del mapa de un plumazo].

Chile, en la encrucijada, sigue colgado de las faltriqueras de Washington. No puede hacer otra cosa, de hecho, puesto que, en concreto, todo el armamento de sus FF.AA. depende de sus proveedores del bloque atlantista (principalmente EE.UU. y Europa, aunque también Israel, que últimamente parece estar jugando a dos bandas), así como en la formación de especialistas, cursos de perfeccionamiento, apoyo logístico, soporte técnico, provisión de suministros, etc. Si de pronto Chile se cambiara de bando, ¿cómo diablos haría para continuar manteniendo y modernizando su arsenal de guerra? [**NOTA:** ¡Qué más quisieran sus vecinos, con quienes, a no ser que ocurra algo inesperado, tendrá que enfrentar en algún momento réplicas de la Guerra del Pacífico y de la Guerra-Que-No-Fue (la del Beagle), conforme a los planes de las potencias hegemónicas, que siempre han creído y seguirán creyendo a pies juntillas en esto de «divide y vencerás»!].

Conclusión

Todo esto nos lleva a comprender porqué Chile estaba en el camino de tantos intereses.

La caída de esta *copia feliz del Edén* era, a la postre, cosa de tiempo teniendo en cuenta que hace doscientos años apostamos –nosotros, como el resto del continente– por la «independencia», con nuestros «libertadores» moviéndole la cola a sus amos ingleses, y con las élites criollas de entonces refocilándose con la influencia europea –principalmente inglesa y francesa–, con la que modelaron sus almas de nuevos ricos del mundo, optando por seguir comportándose como *cola del león*, en tanto se les permitiera reinar a sus anchas en este pedazo de tierra arrancado a jirones del Imperio Español.

Como vemos, hoy, como ayer, nuestras élites, a izquierda y derecha, parecen igualmente rendidas a intereses foráneos.

AVANZA LA VERSIÓN 2.0 DE LA «GRAN COLOMBIA», PROYECTO BOLIVARIANO IMPULSADO POR RUSIA, CHINA, IRÁN Y VENEZUELA

En paralelo a la guerra de Ucrania, en nuestro continente hay movimientos de tropas que no son percibidos por la opinión pública, siempre distraída por los problemas domésticos de cada país: inflación, pobreza, migración descontrolada, delincuencia, alzamientos indígenas, corrupción de la clase política, inoperancia de los gobiernos, etcétera... en pocas palabras, caos «sudaca» a lo Macondo. Da lo mismo si es en Chile, Argentina, Bolivia, Perú, Paraguay, Ecuador o Colombia, o en cualquier otro lugar de nuestro continente, los problemas son más o menos los mismos en todas partes. En Chile, de hecho, uno se siente tentado a pensar que con la Constituyente y el gobierno de Boric lo que han hecho es montar un espectáculo, una especie de circo de mala muerte. Y ya sabemos para qué sirven los circos: para entretener a la gente, para distraer su mente. Así, con la opinión pública «entretenida», ocupada únicamente en atacar o defender a los payasos de turno, haciendo sorna de sus constantes estupideces o construyendo un relato épico acerca de la supuesta «misión histórica» que se estaría llevando a cabo, quienes verdaderamente detentan el poder tras bastidores pueden desplegar impunemente sus fichas sobre el tablero, sin que la gente se dé por enterada. Por supuesto, aclaremos de antemano que por ningún motivo sostenemos la tesis de que el plebiscito de septiembre no es importante. Es indiscutible que rechazar el texto de la Nueva Constitución resulta crucial para el futuro de Chile pues le dará mayor legitimidad a la lucha que habrá que emprender después, para liberar al país de las fuerzas destructivas que lo han secuestrado. Pero, al mismo tiempo, es de suma importancia entender que el proceso revolucionario en curso continuará desarrollándose, gane quien gane ese día. Porque, a fin de cuentas, los marcos jurídicos y legales le son indiferentes a quienes ya tienen el poder en sus manos, es decir, a quienes ya se han hecho con el control del Estado, con sus distintos órganos e instituciones, manejando, por razones ideológicas o por cohecho y/o intimidación, a una masa crítica de legisladores, jueces, fiscales, empresarios, periodistas, intelectuales, autoridades comunales, etc.

Dicho esto, y volviendo al tema central de este texto, debemos comprender que el continente americano es también –¡cómo no!–, parte del teatro de operaciones de la lucha de titanes que actualmente se libra en Europa, con Ucrania como tablero de base del gran juego de tronos del que estamos siendo testigos. Pero, como la propia Ucrania, Hispanoamérica no es modo alguno *sujeto* de la historia, sino *objeto* (es decir, la historia no pasa por sus habitantes, *maconderos* de tomo y lomo, sino a través de ellos –o *sobre* ellos, arrasándolos, devastando sus países, sus vidas, sus sueños–, porque su destino no ha dependido nunca de lo que obren por sí mismos los pueblos de estas tierras). A decir verdad, a quienes mueven los hilos del poder les importa un rábano el destino de los pueblos. Ucranianos, europeos y americanos de a pie –o africanos, asiáticos, oceánicos–, son piezas sacrificables en el gran tablero en que se juega el destino de la humanidad. Las fidelidades y apegos de las élites gobernantes no tienen nada que ver con sus pueblos y naciones de origen, sino con sus intereses políticos, económicos, financieros e incluso metafísicos, porque el plano espiritual es también un teatro de operaciones en este escenario de *guerra de todos contra todos* en que estamos inmersos; de hecho, es el más importante (ya hablaremos de ello).

Haríamos bien en percibir de una buena vez que no se trata de una cuestión ideológica, sino de poder a secas. El mundo ha entrado en modo guerra, y por más que en algunas partes el enfrentamiento no escale al terreno de lo militar, se trata de una guerra total con múltiples frentes: financiero, económico, cibernético, psicológico, propagandístico, informativo, entre otros. El tema ideológico es accesorio en la guerra, básicamente porque la ideología se convierte en un arma más en el arsenal de las fuerzas en pugna, sea en forma de argumento al servicio de la penetración psicológica y como artilugio para movilizar a las masas, obligándolas a tomar partido y enlistarse; o como caballo de Troya para infiltrarse en las entrañas del territorio enemigo y debilitarlo poniendo en su contra a sus propios ciudadanos. Tampoco se trata de un tema moral: no hay buenos ni malos en la guerra, lo que hay son intereses, trincheras, posiciones que defender o conquistar. La ideología no es más que una justificación para invocar al implacable Tánatos, la muerte, el instinto de la muerte. Desde cierto punto de vista, para que hayamos llegado al estado de guerra, el *Mal* (así, con mayúsculas), ya se manifestó. Si estamos en estado de guerra es porque el mal se abrió paso hacia el corazón humano. Punto.

Dicho esto, aterricemos de nuevo en nuestro continente, donde las partes están preparando el terreno para la conflagración directa (o para una negociación) en este recalentamiento de la Guerra Fría de la que nos ha tocado ser testigos, cuando no protagonistas involuntarios. En este escenario poco propicio, el próximo mes de agosto, poco después de la asunción al poder de Gustavo Petro en Colombia, se efectuarán en territorio venezolano, cerca de la frontera con ese país, unos ejercicios armados en los que participarán comandos de Rusia, China, Irán y Venezuela, junto a efectivos de países como Argelia, Kuwait, Qatar y Azerbaiyán. La operación ha sido bautizada con el sugerente nombre de ***Sniper Frontier*** (francotirador de frontera).

El ***Center for a Secure Free Society*** (**SFS**), centro de estudios que reúne a un destacado grupo de expertos en seguridad nacional, señala que se trataría de «un movimiento estratégico que busca reposicionar activos desplegados en América Latina y el Caribe. Esas naciones se están preparando para hacer una fuerte declaración de que la región está lista para abrazar la fuerza multipolar». El informe del SFS destaca el discurso de Vladimir

Putin en el Foro Económico Internacional de San Petersburgo (SPIEF), celebrado entre el 15 y el 18 de junio de 2022. En la ocasión, el líder ruso dijo: «Hace un año y medio, hablando en el Foro de Davos, enfaticé una vez más que la era del orden mundial unipolar ha terminado, a pesar de todos los intentos de salvarlo, de preservarlo por cualquier medio posible. Cuando ganaron la Guerra Fría, los Estados Unidos se declararon a sí mismos los representantes de Dios en la tierra, personas que no tienen responsabilidades, sólo intereses. Aparentemente no se han dado cuenta de que han surgido nuevos centros poderosos y se están volviendo cada vez más ruidosos». [VER: MONITOR VRIC No. 27 / *Petro y el huracán bolivariano. Center for a Secure Free Society* (SFS), s/f]

Según el diario digital El Colombiano, la expresión *mundo multipolar* «se traduce en un discurso antiimperialista que busca poner freno al avance de Estados Unidos como potencia mundial». Es decir, el «francotirador de frontera» estaría apuntando, en el fondo, al *Gran Hermano Yanqui*. El tema es que la cita militar, que representa «un desafío tácito a Estados Unidos, y a la misma Colombia», tiene antecedentes en los ejercicios que se llevaron a cabo en 2020 y 2021 en Bielorrusia y Rusia respectivamente, cuando la operación militar en Ucrania era tan sólo una posibilidad remota. El hecho de que el 2022 se hayan traído estos ejercicios a Latinoamérica es una acción significativa que debe ser interpretada en clave geopolítica.

En efecto, El Colombiano alude al Gran Desfile Cívico-Militar realizado en Caracas con ocasión de la celebración de los 211 años de la Firma del Acta de Independencia de ese país. Según este medio de prensa, el régimen utilizó la conmemoración para exhibir sus nuevas capacidades militares mostrando músculo a todos aquellos que alguna vez creyeron que estaba a punto de caer. Como hace notar este medio, en lo que va corrido de 2022 el gobierno venezolano ha sellado amplias alianzas con Moscú y Teherán. El acuerdo que firmó Maduro con el presidente de la República Islámica de Irán, Ebrahim Raisí, contempla colaboraciones en todos los frentes, desde el ámbito tecnológico hasta el de la seguridad.

En este punto El Colombiano hace referencia al controvertido tema de los aviones venezolano-iraníes que hicieron ruido en los países del Cono Sur durante el mes de junio: «Mientras el sucesor de Hugo Chávez empacaba maletas para visitar a su aliado en Irán, en Latinoamérica las autoridades se pusieron en alerta por la presencia de traficantes de armas iraníes en la región, quienes estaban a bordo de un vuelo de bandera venezolana. Y es que en junio cuatro ciudadanos iraníes de la Fuerza Quds (Cuerpos de la Guardia Revolucionaria Islámica) estuvieron en un avión de carga de Caracas de referencia Boeing 747-300M al que Uruguay le impidió utilizar su espacio aéreo. Incluso, el piloto de ese avión, el traficante de armas iraní Gholamreza Ghasemi, fue capturado luego en Argentina señalado de cargos de terrorismo internacional. A Ghasemi, aún detenido en ese país, le atribuyen haber efectuado 13 viajes a Venezuela desde inicios de 2021». [VER: *Nicolás Maduro lanza desafío militar cerca de Colombia*. El Colombiano, 10 de julio 2022 / Sobre el tema de los aviones, ver: *La oscura trama del avión venezolano-iraní que pasó por Santiago*. Aurora de Chile e Hispanoamérica. N° 1, viernes 8 de julio de 2022 / NOTA DEL EDITOR: En el desfile del 5 de julio en Caracas hicieron su estreno drones iraníes modernizados y artillados en Venezuela por la Empresa Aeronáutica Nacional S.A. (EANSA), una filial de CONVIASA, la aerolínea estatal operadora del avión Airbus A340-642 de matrícula YV3533 que aterrizó en Santiago el 22 de junio pasado. Recordemos, además, que EMTRASUR, la empresa operadora del avión que aterrizó en Argentina el 6 de junio, que actualmente está retenida en ese país y cuyo piloto era Ghasemi, es también filial de CONVIASA].

Además, en declaraciones a Panam Post, el experto en seguridad nacional y Director Ejecutivo del SFS, Joseph Humire, profundiza en el tema de la amenaza geopolítica en la frontera colombo-venezolana, señalando que es posible advertir la mano de Rusia en la trastienda del reciente renacimiento del conflicto entre las disidencias de las FARC y el ELN en el departamento de

Arauca, hecho que nuevamente está convirtiendo en un infierno la vida de amplios sectores de la población colombiana, poniendo en jaque la seguridad interna de esa nación con enfrentamientos, atentados, asesinatos, secuestro de militares y un sinnúmero de crímenes contra la población civil. Se trataría, según declara el experto, de una operación para tomar el control de territorios más allá de la frontera venezolana.

Explica Humire: «Ahora vemos a Maduro de cierta forma tratando de reiniciar esta fusión de la Gran Colombia, pero con un destino chavista. Ya no es con ejércitos, sino con grupos ilícitos, cambiando las economías, sobornando a otros países y apostando a gobiernos socialistas. Si pensamos que tiene esa visión expansiva, es muy coherente que va a empezar en el lugar donde la Gran Colombia fracasó, entre Arauca y Apure».

Según Humire, se trata de «un complot trasnacional donde participaría Rusia a través de armas y militares con el visto bueno de Nicolás Maduro».

Panam Post:

«Células que se desprenden de las FARC, como la Segunda Marquetalia, que es liderada por alias Iván Márquez, posee fusiles rusos. Fue él mismo quien los mostró en un video para pronunciarse en memoria del ex comandante Manuel Marulanda. También ha habido enfrentamientos por el control de las armas, así como la supuesta existencia de militares del Kremlin en la frontera entre Colombia y Venezuela».

Para Humire, la defensa de la integridad territorial venezolana ante la amenaza que representarían estos grupos le brindaría a Maduro la excusa perfecta para pedir apoyo externo –léase, apoyo táctico y estratégico de Rusia, China e Irán– para su esfuerzo militar en la frontera colombiana. Pero hay otro beneficio para el régimen venezolano, porque en esa zona la frontera es sólo una línea en el mapa, no funciona como tal en realidad, lo que permite el contrabando entre la población de ambos países, favoreciendo así la penetración de territorio colombiano por parte de más grupos ilícitos.

Humire apunta a que el modelo de intervenciones impulsado por Rusia no suele ser del tipo convencional. Así, la expansión de la revolución bolivariana sobre el resto del continente a partir de la multiplicación de conflictos asimétricos sería una marca de fábrica de Moscú desde los tiempos de la URSS. El experto boliviano-estadounidense cita los recientes ejemplos de Kazajistán, Crimea y Bielorrusia, a los que habría que añadir el de la propia Ucrania.

Según lo declarado por Humire a Panam Post, América Latina debe comprender que comprar armamento ruso conlleva dependencia tecnológica de ese país, lo que constituye un pretexto más para la llegada de militares desde Moscú [**NOTA DEL EDITOR:** Por supuesto, sucede lo mismo con la dependencia de suministros militares de Estados Unidos y sus aliados]. La venta de armas, en este sentido, siempre ha sido una importante herramienta de penetración en el campo geopolítico. Esta afluencia de militares rusos se habría incrementado a partir de 2019. A este respecto, el director del SFS señala que detrás de todos estos movimientos deberíamos percibir la existencia de «un propósito estratégico de Putin», quien en un futuro podría jugar la carta de Venezuela, que obviamente va de la mano con el proyecto de la Gran Colombia, en la mesa de negociaciones del conflicto en el Este de Europa.

Esto sería una demostración del modo en que los gigantes mueven sus fichas en el tablero de la geopolítica mundial, siempre dispuestos a sacrificar posiciones secundarias en beneficio de logros mayores.

Y termina diciendo:

«Hay otro factor a tener en cuenta: la amenaza que el gobierno de Putin lanzó contra EE.UU. sobre el envío de arsenal militar a Venezuela y Cuba que llevaría a una acción bélica. Algunos expertos han dicho que tal ataque sería costoso e inviable. Pero hay que contemplar esta forma de combate de Rusia. No digo que [una guerra convencional] sea imposible, pero creo que ni siquiera es el propósito. No nos tenemos que enfocar en eso. Lo que hace [Rusia] es que manda contratistas, armamento, sistemas electrónicos, campañas de desinformación. Pone en práctica una estrategia multidimensional porque el propósito es imponer su voluntad. Eso es la guerra, imponer tu voluntad sobre otro». [VER: *"Arauca, donde comienza la refundación de la Gran Colombia de Maduro"*, por Oriana Rivas. Panam Post, 22 de enero 2022]

En resumen, según el enfoque esbozado por Joseph Humire, habría que entender el intento por instalar una cabeza de playa en el «patio trasero» de los Estados Unidos por parte de las «naciones VRIC» (Venezuela, Rusia, Irán y China) como una reacción de los gobiernos de estos países frente a la permanente amenaza de Washington. Específicamente en el caso ruso, se trataría de una respuesta ante el continuo avance de la OTAN sobre el espacio postsoviético, incluyendo el actual conflicto de Ucrania, que fue provocado por los mismos poderes en la sombra que estuvieron detrás del fenómeno de las llamadas revoluciones de colores o «primaveras» que han desestabilizado gobiernos y arruinado países [**NOTA DEL EDITOR:** A este respecto, hemos de citar los ejemplos de Yugoslavia, Georgia, Ucrania y Kirguistán en Europa del Este y Asia Central, así como el de la llamada Primavera Árabe que a partir de 2011 provocó estallidos sociales en Túnez, Argelia, Egipto, Omán, Bahréin, Libia, Yemen y Siria, entre otros países de África del Norte y del Cercano Oriente; o incluso la «primavera católica», como se ha dado en llamar el golpe de estado que el año 2013 defenestró a Benedicto XVI, imponiendo la subida de Bergoglio al trono pontificio].

Y en el medio de todo –o *abajo* si se quiere, aplastados por la fuerza de los hechos–, continuarán participando en la mascarada del mundo los pueblos de los países comparsas, cuyas clases gobernantes se han conformado con ejercer el rol de ovejas en el rebaño de las élites globalistas que, al margen de todo ideario o creencia, se solazan en jugar a los dados con el futuro de la gente común, ocupada por ahora en reventar la taquilla del circo para continuar presenciando el gran espectáculo del mundo.

¿ESTAREMOS LLEGANDO AL «MOMENTO JACOBINO» DE LA REVOLUCIÓN CHILENA?

Álvaro García Linera, el ex vicepresidente de Bolivia, publicó en 2018 un interesante ensayo en el que analiza a fondo la revolución rusa, extrapolando sus conclusiones para traer luz al concepto de la revolución en sí. En sus páginas escribe lo siguiente: «Su estallido dividió el mundo en dos; más aún, dividió el imaginario social sobre el mundo en dos. Por un lado, el mundo existente con sus desigualdades, explotaciones e injusticias; por otro, un mundo posible, de igualdad, sin explotación, sin injusticias: el socialismo. Sin embargo, eso no significó la creación de un nuevo mundo alternativo al capitalista, sino el surgimiento, en las expectativas colectivas de los subalternos del mundo, de la creencia movilizadora que era posible alcanzarlo». [VER: *¿Qué es una revolución? De la revolución rusa de 1917 hasta la revolución de nuestros tiempos*, de Álvaro García Linera. Vicepresidencia del Estado, Presidencia de la Asamblea Legislativa Plurinacional (2018)]

Y más adelante:

> «El impacto de la Revolución de Octubre en las creencias mundiales –que son las que al fin y al cabo cuentan a la hora de la acción política– fue similar al de una revelación religiosa entre los creyentes, a saber, el capitalismo era finito y podía ser sustituido por otra sociedad mejor. Eso significa que había una opción diferente al mundo dominante y, por tanto, había esperanza; en otros términos, había ese punto *arquimediano* con el que los revolucionarios se sentían capaces de cambiar el curso de la

historia mundial». [**NOTA DEL EDITOR:** El concepto «punto arquimediano» hace alusión a un punto de vista objetivo, razonable, desde el cual es procedente comenzar a abordar un problema filosófico].

García Linera opina que es a partir de esa especie de *visión religiosa* –que sería el «agente» o «entidad canalizadora» de la idea germinal del socialismo en tanto opción realizable–, que surgió la *revolución*. La revolución sería, de esta manera, una consecuencia de la creencia compartida de que el modelo capitalista puede ser sustituido de manera efectiva por una «sociedad mejor». Recordemos que, desde el punto de vista marxista, el sentido de la historia se encauza hacia la substitución del modelo capitalista por el socialismo, primera fase de la sociedad comunista. Este reemplazo, que dentro de los parámetros del marxismo sería el sueño de los pueblos oprimidos, impone la necesidad de poner en movimiento todas las capacidades humanas, individuales y colectivas, en la realización de un propósito común revolucionario. Así, la revolución vendría a ser, en palabras de García Linera, **«el *momento plebeyo* de la historia, el momento autopoiético si se quiere, en el que la sociedad en su conjunto se siente con capacidad de auto-crearse y autodeterminarse».**

Este «momento plebeyo» es descrito como «la sociedad en estado de multitud fluida, autorganizada, que se asume a sí misma como sujeto de su propio destino. Es el momento de conocimiento sobre sí, sobre sus capacidades, posibilidades y hasta cierto punto sus límites; y, a partir de ello, su proyección como destino, sueño compartido, proyecto colectivo. Al final, cuando la revolución hace brotar la energía vital contenida de la sociedad y da paso a la solidificación de las cosas, la institucionalización y la regularidad de las relaciones sociales, lo que queda es la correlación de fuerzas del proceso revolucionario hecha ley y derecho colectivo. Por eso, aunque en comparación al resto de la vida institucional y regular de la sociedad, las revoluciones duren poco tiempo en su explosión vital, ellas son las que en realidad la moldean y diseñan las estructuras sociales y las topografías institucionales».

Viene a la memoria el énfasis que se puso en Chile, especialmente a partir del primer gobierno de Bachelet, en la idea del «gobierno ciudadano» y el «empoderamiento» de la gente, con el impulso discursivo que se dio a la supuesta participación del mundo popular en el ámbito político y social, a la par que se multiplicaban los frentes de lucha: feminismo, aborto, ecologismo, animalismo, derechos de la comunidad LGBT, indigenismo, etc. Fue en ese período, precisamente, que los estudiantes, con muchas de las actuales autoridades a la cabeza, se desbordaron y ocuparon las calles haciendo alarde de su rechazo visceral contra todo lo establecido y de su aversión por los conceptos de autoridad, orden, disciplina, sentido del deber –reminiscencia del rechazo a lo militar–, haciendo gala de una rebeldía sin causa, violenta e irracional, y una irrefrenable vocación por el desorden que los medios disfrazaron de idealismo e ingenuidad contestataria. Ya en ese entonces, mientras los agitadores furtivos despertaban al dragón en las ciudades –en la zona de la Araucanía y sus alrededores el monstruo ya se movía a sus anchas–, se advertían claramente las primeras señales de lo que sería nuestra propia revolución de octubre años más tarde. Pero nuestra clase dirigente, arrellanada en sus poltronas, continuó vegetando en su mundo paralelo perdida en el espejismo de las cifras macroeconómicas y el discurso académico, gestionando la abundancia con alma de patrón de fundo. La opinión pública, por otra parte, flotaba en las aguas calmas del «mejor país de Latinoamérica», con la cabeza en cualquier parte y la conciencia adormecida, cebada con el pan y el circo de los medios y la industria del espectáculo, fútbol incluido [por esos años comenzó la *revolución bielsista* en la selección chilena], entre otros sedantes psicológicos propios de nuestros tiempos.

Pero volviendo al libro que estamos comentando, en algún momento el teórico boliviano hace una critica a las visiones reduccionistas que asumen que la revolución rusa tuvo su punto culminante en la toma del Palacio de Invierno y la instauración de un nuevo gobierno.

Dice García Linera:

«Por lo general, y de manera errónea, la revolución es reducida a la toma de las instalaciones de gobierno –ni siquiera del Estado– por parte de los revolucionarios. Y, evidentemente, ese es el momento más visible, pero no el más importante ni mucho menos el característico de una revolución. En el caso de octubre de 1917, la Revolución rusa quedó graficada con la toma del Palacio de Invierno del Zar Nicolás II por parte de obreros, campesinos y soldados armados. Ciertamente el que el pueblo ocupara militarmente unas instalaciones secularmente vedadas a la presencia de los trabajadores del país fue un momento épico, pero queda claro que esta imagen inmortalizada por el cineasta Sergei Eisenstein no es la revolución sino tan solo uno de sus efectos infinitesimales. [...] La revolución no constituye un episodio puntual, fechable y fotografiable, sino un proceso largo, de meses y de años, en el que las estructuras osificadas de la sociedad, las clases sociales y la instituciones se licuan y todo, absolutamente todo lo que antes era sólido, normal, definido, previsible y ordenado, se diluye en un 'torbellino revolucionario' caótico y creador».

En relación a esto, sería interesante que nuestros políticos –y, en general, los contingentes de patriotas comprometidos con la defensa de los principios y valores amenazados por la revolución en curso–, hicieran el esfuerzo por entender que, en efecto, una revolución es un proceso largo y complejo que no se decide –ni se detiene– en una contienda electoral, por importante que sea lo que se decida en las urnas. Tampoco se trata simplemente de llegar al gobierno, ya que el *poder* es otra cosa y los ejemplos de Piñera, Macri y Duque –e incluso de Bolsonaro y de Trump–, sólo por citar ejemplos recientes que hicieron que algunos celebraran la «derechización» del continente, lo demuestran. Por lo demás, debemos entender que aunque en muchos casos la substitución de una clase dirigente por otra implica el enfrentamiento de dos cosmovisiones mutuamente excluyentes, en otras no se trata más que de simple voluntad de poder. La defenestración de un sistema impone la necesidad de levantar un discurso basado en una voluntad anti-sistema que, de calar en las masas –cosa nada de difícil cuando el sistema ha sido horadado desde adentro por la descomposición moral y la corrupción–, generará las condiciones para el surgimiento de una revolución.

De cualquier manera, señala García Linera: «Las revoluciones son acontecimientos excepcionales, rarísimos, que combinan de una manera jamás pensada corrientes de lo más disimiles y contradictorias, que lanzan a la sociedad entera, anteriormente indiferente y apática, a la acción política autónoma».

Y más adelante añade:

«Aparentemente no es posible predecir el estallido de una revolución; sin embargo, una vez que esta irrumpe, su curso depende de las acciones tácticas, iniciativas y consignas conscientemente planificadas por personas y organizaciones políticas, que tienen la capacidad de catalizar las potencialidades sociales y los estados de ánimo latentes en la inmensa mayoría de la sociedad movilizada».

En este punto, Linera transcribe un comentario que, en sus «*Notas sobre Maquiavelo*», ofrece Antonio Gramsci comparando lo que denomina *arte político* con el *arte militar*: «La guerra de movimiento [...] se convierte cada vez más en guerra en la medida en que la prepara minuciosa y técnicamente en tiempos de paz. Las estructuras macizas de las democracias modernas, consideradas ya sea como organizaciones estatales o bien como complejo de asociaciones operantes en la vida civil, representan en el dominio del arte político lo mismo que las 'trincheras' y las fortificaciones permanentes del frente en la guerra de posición: tornan sólo 'parcial' el elemento del movimiento que antes constituía 'todo' en la guerra».

Y es que, según el pensador boliviano, una revolución es, por excelencia, «una *guerra de posiciones* y una concentrada *guerra de movimientos* ideológico-políticos en las que día a día se va definiendo el curso, la orientación y el desenlace del proceso insurgente». Pero antes de ese desenlace, en la batalla ideológica previa, las fuerzas revolucionarias van conquistando paulatinamente la hegemonía política, primero entre las clases subalternas y luego sobre el resto de la sociedad.

«En realidad –señala Linera–, la insurrección de octubre simplemente consagró el poder real alcanzado previamente por los bolcheviques en todas las redes activas de la sociedad laboriosa. Más que conquistar el poder –que ya habían alcanzado en toda la estructura reticular de la sociedad subalterna rusa–, la insurrección anuló el cuerpo zombi del viejo poder burgués que se encontraba registrado en las viejas instituciones estatales. La insurrección culminó un largo proceso de construcción fundamentalmente ideológico-político de poder desde la sociedad, en desconocimiento y sustitución del viejo poder del Estado–; e inició la concentración monopólica de ese poder construido desde la sociedad bajo la forma de Estado, de poder de Estado institucionalizado. Dado el carácter plebeyo de la Revolución Rusa, y en general de cualquier revolución, esta construcción social de poder desde abajo necesariamente se presenta más que como «dualidad de poderes», como «multitud de poderes locales».

Y aquí vuelve a saltar a la palestra la imagen de nuestra clase dirigente, principalmente de empresarios, políticos e intelectuales de derecha, pero también de la opinión pública en general –sobre todo de muchos de los que ahora alardean de su «patriotismo» en las redes sociales–, «licuándose» interiormente ante el «torbellino revolucionario» que estaba emergiendo desde las profundidades anímicas de la psiquis colectiva nacional. Es cosa de visualizar, en los años previos a 2019, a la mayoría de ellos habitando en ese mundo paralelo al que nos referimos más arriba, complacidos consigo mismos, satisfechos, presuntuosos, viviendo de espaldas a la realidad como esos anodinos moradores de la caverna de Platón, con la mente puesta en cualquier cosa menos en la defensa real de los intereses de la nación, sin enterarse siquiera de que, mientras ellos se vanagloriaban de sus logros individuales, los agitadores estaban tomando posiciones en las trincheras ideológicas desde las que se aprestaban a lanzar su embestida demoledora contra las estructuras e instituciones que sostenían «el modelo». Uno se imagina un ejército invasor entrando a un país, ocupando el territorio, usurpando los espacios materiales, psicológicos y anímicos de la nación ultrajada, e incluso designando autoridades en todos los niveles del quehacer institucional a vista y paciencia de las fuerzas defensoras que, tardas de entendimiento, contemplan el espectáculo con ojos vacíos mirando sin ver, escuchando sin oír y hablando o discurseando sin pensar, simplemente porque antes, previamente, se dejaron robar el alma. De ahí que calce tan bien en el cuadro que estamos pintando eso del «cuerpo zombi del viejo poder burgués».

Lo que queremos decir aquí es que el actual momento que vive Chile se parece demasiado al triste espectáculo de esos troyanos que, aceptando la supuesta rendición del ejército aqueo, instalaron en el centro de su ciudad, como señal de su supuesta victoria, el enorme caballo de madera de cuyo interior saldría, al amparo de la noche, el mortal enemigo. Es fácil imaginar dónde instalaron aquí, a nivel espiritual, el enorme artilugio: en la zona cero de la revolución chilena, la Plaza Baquedano, que ellos, seducidos por la muerte y los poderes adversarios del hombre, bautizaron como «Plaza Dignidad» en un giro trágico de nuestro destino como nación. Porque es en ese lugar, ubicado simbólicamente a los pies de la Virgen del Cerro, donde se *consagró* la presunta muerte simbólico-espiritual de Chile.

En relación a la instalación definitiva del nuevo modelo de sociedad, García Linera hace referencia a dos momentos cruciales de todo proceso revolucionario: la conquista ideológica y cultural, al que llama **momento gramsciano**, y el **momento jacobino**, de carácter leninista, que implica la toma real del poder.

Citamos al ideólogo boliviano en extenso, hablando del «momento jacobino o punto de bifurcación de la revolución», que va más allá del «desplazamiento y sustitución de las autoridades gubernamentales, legislativas y ejecutivas del viejo Estado», que es sólo una meta parcial de todo el proceso, la cual se consigue usualmente por vía democrática luego del triunfo alcanzado por la construcción de hegemonía ideológica, política y cultural.

García Linera:

«El punto de bifurcación o momento jacobino es este epítome de las luchas de clases que desata una revolución. Y puesto que toda clase o bloques de clases con voluntad de poder han de reclamar la unicidad y monopolio del poder de Estado, el cuerpo estatal en pugna emerge en su realidad desolada y arcaica como "violencia organizada". Es en ese terreno donde se define la naturaleza del nuevo o viejo Estado, el monopolio del poder político y la dirección general de la sociedad para todo un largo ciclo estatal. Por lo general, esto sucede después del desplazamiento del gobierno de las fuerzas conservadoras, pero no del poder real. En un extraordinario texto, Marx describe este momento al afirmar que la conquista del poder gubernamental por parte del proletariado "no hará desaparecer a sus enemigos ni a la vieja organización de la sociedad" y, por tanto, "deberá emplear medios violentos y por consiguiente, recursos de gobierno". Por ello, el momento jacobino es un tiempo donde los discursos enmudecen, las habilidades de convencimiento se repliegan y la querella por los símbolos unificadores se opaca. Lo único que queda en el campo de batalla llano es el despliegue desnudo de fuerza para dirimir, de una vez por todas, el monopolio territorial de la coerción y el monopolio nacional de la legitimidad.

«El momento jacobino en la revolución cubana fue la batalla de Girón (invasión de la Bahía de Cochinos); en el Gobierno de Salvador Allende, el golpe de Estado de Pinochet; en la Revolución Bolivariana de Venezuela, el paro de actividades de PDVSA y el golpe de Estado en 2002; y en el caso de Bolivia, el golpe de Estado cívico-prefectural de septiembre de 2008. En todas estas revoluciones, el gobierno ya estaba en manos de los revolucionarios y se presentaban distintos tipos de "gobierno dividido", con alguna de las cámaras legislativas o de los gobiernos regionales en poder del bloque conservador. Pero, lo que es más importante, la fuerza beligerante tenía aún un proyecto de poder, una voluntad de dominio y unas estructuras reticulares de poder político, a partir de las cuales buscaba reorganizar una base social de apoyo, la defensa de sus estructuras de propiedad económica y el apoyo de medios armados (legales o ilegales, internos o externos) para retomar lo antes posible la lucha por el poder del Estado. Entonces, inevitablemente emerge un choque desnudo de fuerzas, o, al menos, de medición de fuerzas de coerción, del que solo puede resultar la derrota militar o la abdicación de una de las fuerzas sociales beligerantes, es decir, la unicidad o el monopolio final de la coerción del Estado.

«El momento jacobino o también "leninista" –porque Lenin fue un maestro en este tipo de operación política– es, en última instancia, el momento dirimidor de la unicidad del poder de Estado, a partir del cual se tendrá, en los cerebros de las personas, en las instituciones de gobierno y en las propias clases derrotadas, un solo proyecto estatal. Por tanto, la fuerza derrotada entra en situación de desbande o de desorganización y, lo peor, de pérdida de fe en sí misma. No es que las clases sociales derrotadas desaparezcan; lo que desaparece, por un buen tiempo, es su organización, su fuerza moral, su propuesta de país ante la sociedad. Materialmente son clases en proceso de dominación, pero fundamentalmente dejan de ser sujeto político. Consolidar esta derrota depende de que las fuerzas sociales victoriosas den golpes puntuales al régimen de propiedad de los grandes medios de producción, debilitando sus estructuras organizativas en la sociedad civil, incorporando banderas suyas en el proyecto victorioso, reclutando cuadros administrativos, impulsando los diversos tipos de transformismo político de la antigua intelligentsia, etc., dando lugar a una nueva fase de irradiación de la hegemonía correspondiente al periodo de estabilización del nuevo poder.

«La importancia de este momento "jacobino-leninista" radica en instituir, de forma duradera, el monopolio de la coerción, de los impuestos, de la educación pública, de la liturgia del poder y de la legitimidad político-cultural. La contraparte de esta victoria sobre las fuerzas conservadoras es la concentración del poder que, de no ser continuamente regulada, afecta a las estructuras sociales de poder plebeyas que inicialmente habían dado inicio al proceso revolucionario. La concentración y unicidad real del poder significa que el poder político de las viejas clases pudientes ha sido derrotado. Sin embargo, la contra-finalidad de todo esto es que la democratización del poder en las estructuras populares, obreras, campesinas, juveniles o barriales que dan inicio al proceso revolucionario también sean afectadas por este destino maquinal del Estado (de cualquier Estado) de concentrar e imponer su unicidad. La importancia de concentrar el poder frente a las viejas clases dominantes, y simultáneamente desconcentrarlo frente a las clases laboriosas, a la larga define el curso de la revolución».

El *momento jacobino-leninista* implica, de este modo, lo que el autor boliviano llama «una batalla desnuda de fuerzas» que dirime, de manera definitiva, quién se hace con el control real del Estado, cosa que va más allá de llegar a ser gobierno. Y aunque no se diga abiertamente, luego de alcanzado el triunfo las fuerzas revolucionarias en el poder, que en el *momento gramsciano* lucharon por democratizar y desconcentrar el poder en las diversas estructuras populares de que se valieron para defenestrar al antiguo estamento, vuelven a concentrarlo a objeto de imponer la manida «unicidad» del Estado, que es otra forma de hablar de totalitarismo. [**NOTA DEL EDITOR:** En ese momento se acaba, por supuesto, el «momento plebeyo» de la historia para dar comienzo al reinado de una nueva clase privilegiada, una nueva *aristocracia* revolucionaria, que hará uso y abuso de los privilegios arrebatados a la fuerza a la antigua clase dirigente; porque, a fin de cuentas, toda revolución no es más que el reemplazo de una élite por otra. Los «plebeyos» rara vez se dan cuenta de que sólo son peones en el tablero].

De modo que «sin este momento imprescindible, la estrategia gramsciana podrá ser cercada internamente y, más temprano que tarde, expulsada del poder político bajo la forma de una contrarrevolución exitosa que arrasará despóticamente con todo el avance organizativo y democratizador logrado por las clases sociales plebeyas. De ahí que toda revolución con un momento gramsciano sin un momento leninista sea una revolución trunca, fallida. No existe revolución verdadera sin momento gramsciano de triunfo político, cultural y moral, previo a la toma del poder estatal. Pero tampoco se tiene unicidad de poder de Estado ni disolución de las antiguas clases gobernantes como sujetos portadores de un proyecto de poder beligerante, sin un momento leninista dirimidor»

Ahora, volviendo al momento presente, sólo nos queda por decir que, a semanas de que se celebre el plebiscito de salida que deberá refrendar o rechazar la propuesta de nueva Constitución, existen pocas dudas de que el país se encuentra, en efecto, al borde del «momento jacobino» del proceso iniciado el 18-O. Lo trágico es que, de cara a una eventual guerra civil –porque de eso estamos hablando aquí–, las fuerzas «patriotas», esas que deberían defender los principios y valores que le dan sentido a nuestra identidad nacional buscando, fundamentalmente, preservar el estado de derecho e incluso la existencia misma de la nación chilena, se hayan desunidas, desmoralizadas y, para colmo de males, completamente desarmadas. De hecho, a estas alturas, existen pocas esperanzas de que las FF.AA. y de Orden vayan a dar un paso adelante para rescatar nuevamente al país de las roídas garras del comunismo –y de la corrupción, el narcotráfico y el crimen organizado que esta vez lo acompañan de la mano de la variante castrochavista o «bolivariana»–, porque, al parecer, no están dadas las condiciones para una acción de tal envergadura que requeriría, entre otras cosas, una clase política totalmente comprometida con tamaña empresa, que implicaría arremeter, lanza en ristre, contra el inframundo de los derechos humanos y la mafia asociada, que maneja ingentes recursos y tiene de su lado a todo el entramado de organismos multilaterales que ya vivieron, naturalmente, su *momento gramsciano*.

Pero eso no es lo peor de todo, porque el problema principal es que la mayoría de la gente, incluida una parte sustancial del establishment criollo, no entiende realmente el proceso en curso. A decir verdad, muchos entre ellos creen que ganando el plebiscito habremos sorteado la peor parte del tsunami que arrasó la antigua, añorada, y ahora casi mítica tranquilidad del viejo Chile [que no era, por cierto, un paraíso, pero que estaba muy lejos de ser el infierno que denuncian los instigadores profesionales de la revolución chilena]. Sin embargo, por más que quieran algunos ilusos un eventual triunfo de la opción rechazo en el plebiscito de septiembre no enterrará la revolución, todo lo contrario, porque en algún momento sus cabezas ocultas convocarán nuevamente a sus propios jinetes del Apocalipsis –la infernal «primera línea» y el resto de las fuerzas insurgentes– con el fin de provocar la crisis definitiva, desencadenando la «batalla desnuda de fuerzas» que dirimirá quien se quedará finalmente con el premio mayor, el poder a secas, batalla en la que la consigna dominante a uno y otro lado será, lisa y llanamente, «son ellos o nosotros».

Esto sucederá de cualquier manera porque, querámoslo o no, resulta evidente que las fuerzas revolucionarias, en su ardor revanchista, buscarán precipitar el desenlace que tienen preparado para Chile. Sucede que por más que revistan sus planes de idealismo, pregonando justicia, igualdad, democracia, inclusión y un cuanto hay de promesas y conceptos vacíos de significado, meros ardides con que pretenden disimular sus objetivos finales, no han logrado nunca ocultar su verdadero rostro y cubrir la ignominiosa rúbrica de su alucinación colectiva: el vestigio de dolor y de sangre que no pueden evitar dejar en las tierras que pisotean. Porque podrán disfrazar de idealismo su instinto aniquilador, su odio insaciable, su obtuso deseo de venganza – algunos podrán incluso creer honestamente en esos ideales y hasta dar la vida por ellos–, pero lo que no conseguirán jamás es eludir la presencia de la estela infernal de su estrella, que los revela siempre como salvajes destructores de todo lo bueno, bello y verdadero que hay en el mundo.

Incluso los que no están llenos de odio, los que han conseguido exorcizar racionalmente el resentimiento, el deseo de venganza, el instinto destructor, los idealistas ilusos que creen sinceramente en la posibilidad de «cambiar el mundo», esos que realmente se sienten capaces de erigir su utopía en medio del pantano, se equivocan porque olvidan, todos ellos, un detalle crucial: dejan fuera de la ecuación el elemento más importante de toda obra llevada a cabo por el hombre sobre la faz de la tierra, la imperfección humana. Por eso fracasarán siempre y, por justificada que sea en algunos casos la necesidad de rebelarse contra las injusticias, la pobreza y la explotación, apenas lleguen al poder se convertirán en aquello que odiaban, pero potenciado por mil, porque, además –y aquí estriba la cuestión más importante de todas–, han olvidado que el hombre, además de cuerpo y alma, posee espíritu. Es ahí donde estriba la trampa mortal en la que todos ellos caen a causa de ese lugar vacío, el lugar del espíritu, que es entonces ocupado, indefectiblemente, por la *Bestia*, el animal que llevan dentro, porque el hombre que no se siente llamado por lo superior no podrá evitar precipitarse hacia lo inferior, hacia la mera animalidad, transformándose en un burdo amasijo de instintos, apetitos y deseos.

DEL «DESASTRE DE RANCAGUA» AL ACTUAL DESASTRE DE CHILE. REFLEXIONES A PROPÓSITO DEL NATALICIO DE O'HIGGINS

La Batalla de Rancagua marcó el fin de la Patria Vieja, iniciada cuatro años antes con la instalación de la Primera Junta de Gobierno en 1810 en reacción a la usurpación del Trono de España por parte de Napoleón, quien había puesto en el lugar de Fernando VII a su hermano, José Bonaparte. Durante este período habían ido madurando las ideas de la independencia entre los criollos sentándose las bases de la futura república por medio de una serie de medidas, entre las que destaca el reconocimiento del derecho del pueblo a organizarse y a elegir a sus autoridades. Entre otras disposiciones, se convocó a la formación del Primer Congreso Nacional, se decretó la Ley de Libertad de Vientre y se creó la primera bandera nacional. También es de destacar el establecimiento del Reglamento Constitucional de 1812, que, respetando la soberanía de Fernando VII, considerado el rey legítimo de todos los territorios de España —Reino de Chile incluido, que era parte del Imperio español—, dispuso que a su regreso el monarca debía acatar dicha Constitución. En su artículo 5°, decía: «Ningún decreto, providencia u orden, que emane de cualquier autoridad o tribunales de fuera del territorio de Chile, tendrá efecto alguno; y los que intentaren darles valor, serán castigados como reos del Estado».[3]

---

[3] Reglamento Constitucional Provisorio, sancionado el 26 de Octubre de 1812. Biblioteca del Congreso Nacional de Chile.

Durante esta primera etapa de la independencia se libraron las primeras batallas entre el bando criollo y el ejército realista (Yerbas Buenas, El Roble, Quilo, Membrillar y Quechereguas), con lo que, de manera paulatina, las intenciones de autonomía temporal se fueron transformando en un creciente anhelo de emancipación total. Dicho sea de paso, las ideas que apuntaban a este objetivo encontraron conveniente difusión en el periódico *Aurora de Chile*, creado por fray Camilo Henríquez en febrero de 1812.

No obstante, hacia 1814 las tropas realistas avanzaban casi sin oposición hacia Santiago bajo el mando de Mariano Osorio. ¿Qué había sucedido? Simple, la resistencia patriota venía siendo minada por los conflictos internos, en especial debido a las constantes discrepancias entre O'Higgins y José Miguel Carrera. En julio de ese año los hermanos Carrera habían consumado, de hecho, un golpe de estado en contra del primer Director Supremo de Chile, Francisco de la Lastra, situación que fue mal vista por una parte del ejército establecido en la ciudad de Talca. En la disyuntiva, la facción disidente decidió enviar a O'Higgins a Santiago con el propósito de derrocar a Carrera. Los bandos en pugna se enfrentaron el 26 de agosto en el Combate de Las Tres Acequias, en las inmediaciones de Calera de Tango, batalla que terminó con la derrota de las fuerzas de O'Higgins, muy inferiores en número. Tras ello, ante el avance de los realistas desde el sur, el vencido optó por someterse al mando de Carrera.

Unas semanas más tarde, durante la madrugada del 1 de octubre, mientras el ejército realista atravesaba el río Cachapoal, el brigadier Bernardo O'Higgins, al mando de dos divisiones conformadas por 1.900 hombres pobremente armados, acampaba en Rancagua, mientras que la división a cargo de Carrera se encontraba en las inmediaciones de Angostura. La situación de los patriotas no era auspiciosa.

Ver online: http://bcn.cl/2m9n0

El combate comenzó cerca de las diez de la mañana. O'Higgins, atrincherado con sus hombres en la Plaza de Armas, defendió el sitio con fiereza durante la larga y sangrienta jornada logrando resistir heroicamente tres duras embestidas del ejército enemigo. Durante la noche, sin embargo, Osorio ordenó prender fuego a la ciudad, que por ese entonces se empinaba apenas por sobre los 2.500 habitantes.

Al amanecer del segundo día de asedio, una división del ejército realista al mando del propio Osorio impidió el paso en dirección al teatro de operaciones a la III División del ejército patriota, a cargo de Carrera. La situación en el corazón de la ciudad era, a esas alturas, desesperada, con las fuerzas completamente diezmadas y teniendo que padecer la escasez de víveres y de agua y, lo más importante, de municiones. Los hombres combatían con sus bayonetas y con lo que tuvieran a mano ante un enemigo inmensamente superior.

En ese escenario sombrío, O'Higgins tomó una decisión. Como testimonio de su intención de no rendirse, ordenó colocar en lo alto de la Iglesia de La Merced una bandera negra. Adicionalmente, hizo izar banderas de la Patria Vieja con crespones negros en las trincheras, el techo del Cabildo y el campanario de la iglesia. Luego, ante la falta de esperanzas de recibir alguna clase de ayuda, ordenó a sus hombres emprender la retirada dirigiéndose al oriente por el costado del templo. Como la idea era llegar a Santiago a como diera lugar, ordenó a sus hombres que, de lograr traspasar el infernal cerco del enemigo, se dispersaran por el campo para evitar la aniquilación total del ejército patriota.

Vicuña Mackenna cita un interesante documento que relata de primera mano lo ocurrido en la épica retirada. Se trata de un borrador, escrito en inglés, por John Thomas, secretario de O'Higgins durante su destierro en el Perú.

Dice así:

El plan de O'Higgins es cruzar la trinchera del capitán Sanchez, abrirse paso, sable en mano, hasta la Alameda, i una vez aquí, dispersarse salvando cada cual en la dirección de Santiago.

Hízose así; mas, al cargar por la calle que conduce a la alameda, se encuentra detenido por una barricada que el enemigo ha construido de atravieso. O'Higgins manda echar pié a tierra a los dragones para abrir un paso; mas como su caballo estuviera mui fatigado i no pudiese pasar por sobre los escombros, los soldados agrupándose en derredor suyo levantan la bestia casi sobre sus pechos i la ayudan al otro lado.

Una lluvia de balas sigue a los fujitivos, i al desembocar en la alameda, el ayudante Astorga es muerto de un tiro de carabina, al lado de su jefe. Los dragones enemigos, que durante todo el asedio se han mantenido en la Alameda, procuran cortar el paso, pero O'Higgins consigue llegar al puente de la gran acequia que cierra un costado de aquella avenida, i toma el camino de Chada. Solo sus dos ayudantes Urrutia i Flores i sus dos ordenanzas Jimenez i Soto están a su lado. Mas, los dragones le dan alcance i uno que se adelanta con atrevimiento por entre un matorral tira una cuchillada a O'Higgins, cuyo caballo apenas trota; pero Jimenez para el golpe i la carabina del otro asistente echa al dragon muerto sobre el pescuezo de su caballo; O'Higgins lo monta entonces, i galopando en dirección a Chada, sube la cuesta. El sol se ponía, i el caudillo chileno, echando su última mirada ácia el sitio donde quedaban sus compañeros, solo vió en el horizonte una columna de humo que se levantara al cielo en el silencio apacible de la tarde. Aquel humo era Rancagua!...[4]

Unos días después Osorio entraría victorioso a un Santiago indefenso. La suerte de la Patria Vieja estaba echada, sólo quedaba recoger a la familia y partir al exilio. El destino de la mayoría

---

[4] Benjamín Vicuña Mackenna. El ostracismo del jeneral D. Bernardo O'Higgins. Imprenta i librería del Mercurio de Santos Tornero, 1860. pp. 227, 228. Ver online: http://www.bibliotecanacionaldigital.gob.cl/visor/BND:8179# MC0008855_pdf

estaba al otro lado de la cordillera. Todavía no lo sabían, pero cuando volvieran a cruzar esas montañas nevadas trayendo de vuelta el espíritu indómito de su herencia araucana y española, fundarían una nación.

Vicuña Mackenna concluye su relato de este episodio de nuestra historia con las siguientes palabras:

> Así dio fin aquella jornada del heroísmo chileno que hemos trazado, si no con una fiel imitación del austero lenguaje del soldado, calcando al menos su exactitud, que si no es del todo auténtica, es al menos la del testigo más alto i caracterizado que pudiera hablar a la posteridad sobre aquel gran episodio que no tuvo igual en su historia, ni acaso se encontrará en los siglos venideros; porque no será ya dable que, en un solo día i en un rincón tan estrecho, se junten para morir los héroes que representaban cada familia, cada provincia, cada aldea de Chile.
>
> La Patria, si peligros venideros la amenazan, verá marchar a sus baluartes cien a cien batallones con el tricolor flotando al viento; pero sus hijos no darán ya batalla con sus estandartes vestidos de crespones, como cuando va a morir una nación, porque ya Chile no perecerá. Rancagua fue la prueba de su inmortalidad. Todo pereció en su recinto, menos su nombre de nación que quedó inscripto en el catálogo de los pueblos por la lei de la qloria. I así sucedió que la jornada de Rancagua no fue un desenlace, sino una iniciativa. La victoria del pueblo comenzaba en la derrota de su último ejército, i Chacabuco, que se creyó un combate, no era sino una resurrección.[5]

La futura resurrección de Chile

Y aquí la reflexión que nos debemos, porque advertimos cierta evidente analogía entre la situación desesperada de esos patriotas sitiados en la Plaza de Armas de Rancagua y la de los actuales, sitiados en el Chile de hoy por los «enemigos del modelo». Sí, porque el asedio a la patria ya no es en torno a la vieja ciudad de Rancagua, sino del país en su conjunto. Hoy la nación chilena, con

---

[5]   *Vicuña Mackenna, ibid. pp. 228, 229.*

sus 486 años a cuestas, si iniciamos la cuenta en el momento en que Diego de Almagro pisó por primera vez el suelo del *valle de Chile*, se encuentra amenazada por enemigos mucho más poderosos que los defensores del antiguo imperio.

Lo que busca el enemigo de hoy no es salvar un territorio para la autoridad de un rey o de una idea, sino hacer colapsar todo lo que hay en esta tierra de nación civilizada, adscrita a una cultura y una tradición judeocristiana, occidental, respetuosa del orden natural y del orden a secas, nación amante de la libertad, de la familia, de la patria, de la vida en suma.

No, el enemigo de hoy rinde culto, en cambio, a todo lo que hunde al hombre en el lodo de su propia animalidad. Porque en los que se encuentran empeñados en la destrucción de Chile vibra el llamado del lobo, de la hiena, del buitre que corroe el hígado del héroe que ha robado el fuego de los dioses. Enemigo de la razón, su aullido penetra en el alma de los jóvenes y los niños llamándolos a echar por tierra todo lo que los sostiene en el mundo que heredaron. Porque los prefieren huérfanos y desalmados, para convertirlos en soldados sumisos; los quieren vulgares e ignorantes, para iniciarlos en sus cultos secretos a los viejos demonios que los inspiran —los viejos espíritus de la guerra, de la muerte y de la negación de todo lo alto y verdadero que, a través del alma humana, se cuela hacia la tierra—, para llevar a cabo en ese altar que se inventaron, la «Plaza Dignidad», el sacrificio de todo lo bueno, bello y verdadero que había en el mundo en que nacieron.

Chile es, el día de hoy, casi tres años después de ese fatídico 18 de octubre de 2019, una sombra de lo que llegó a ser antes de esa fecha. Y lo que es hoy se lo debe, precisamente, a esa sombra que emergió desde el fondo del subconsciente de una sociedad adormecida que en algún momento olvidó que el hombre cosecha, indefectiblemente, lo que siembra. Porque, mientras unos, en su perversidad, sembraban odio, resentimiento, mentiras y fealdad en todo lo que tocaban, otros sembraron indolencia, egoísmo, arrogancia, impericia en la lectura de las señales, prepotencia, corrupción.

En el fondo, la gente buena, honesta, trabajadora de este país, era, en realidad, rehén de una elite ciega y superficial a la que sólo le importaba jactarse de su éxito, sin detenerse un segundo a considerar que, a fin de cuentas, las ideas que formaban los pilares de su mundo perfecto —esa copia feliz del Edén que era «el modelo»—, importaban, y había que defenderlas. Y defenderlas practicando, en primer lugar, las virtudes que decían encarnar.

Sí, el Chile de hoy es fruto de las decisiones que tomaron ellos, a uno y otro lado del espectro político, aplastando el espíritu grandioso de los antepasados.

Ese Chile desolado, mal herido, quejumbroso y desesperanzado, es como la costra que cubre el alma avasallada de la patria, asemejándose a la corteza consumida de un árbol milenario que ha resistido estoicamente un incendio voraz. Pues este dolor que algunos sentimos al constatar en lo que nos hemos convertido, en vez de paralizarnos, hace las veces de la coraza del guerrero que, caído en combate, aún respira. Porque Chile está en el suelo, es cierto, pero no vencido.

Sí, nosotros, los patriotas de hoy, como O'Higgins y sus hombres en 1814, hemos elegido el camino difícil —ese apartarse del mundo para comprender al mundo— para restañar nuestras heridas y reunir las fuerzas que necesitaremos para reconquistar lo que nos arrebataron allá afuera, que no adentro.

Y así, en esa *retirada*, que es un poco como descender al templo interior, miramos hacia atrás por encima del hombro para contemplar, con el alma en un hilo, las cenizas de nuestra antigua dignidad, que será la semilla de nuestra futura grandeza.

REFLEXIONES SOBRE EL 11 DE SEPTIEMBRE DE 1973… Y EL DE 1541

El 11 de septiembre está marcado a fuego en nuestra historia por dos acontecimientos cruentos. Obviamente, el antecedente más conocido es el golpe de estado que puso fin al experimento marxista chileno en 1973. Poca gente sabe, sin embargo, que justo 432 años antes, en 1541, en ese mismo día y mes se produjo la destrucción de la recientemente fundada ciudad de Santiago de la Nueva Extremadura, que por aquel entonces no era más que un asentamiento militar. Esa vez los atacantes fueron las fuerzas hostiles a la conquista española, lideradas por el cacique **Michimalonko**. En la ocasión, mientras Pedro de Valdivia se encontraba en el sur sofocando una insurrección indígena, su amante, Inés de Suárez, desempeñó un papel fundamental en la defensa del lugar al asumir el liderazgo de la escasa tropa disponible.

El 11 de septiembre es una fecha interesante. Para comenzar, es el día número 254 del año calendario normal, quedando 111 jornadas para finalizar el ciclo anual. Si sumamos estos dígitos, el 11 vuelve a ponerse en el centro del escenario pues $2 + 5 + 4 = 11$.

Los estudiosos de la numerología consideran al 11 como un «número maestro». Entre otros significados, este número hace alusión a la iluminación espiritual y a la consciencia, así como al despertar de la percepción y de la intuición, abriendo la puerta de la introspección y la sabiduría. En efecto, al encerrar en sí mismo un desdoblamiento de la unidad $(1 + 1 = 2)$, el número 11 aludiría a una colisión de fuerzas contrarias que se vinculan entre sí para alcanzar un estado de ser más elevado. A cierto nivel, su esencia nos remitiría a la unión de lo femenino-receptivo con lo masculino-dominante, así como a la unión trascendente de la esencia mortal con la inmortalidad del espíritu.

¿Pero qué tiene que ver el significado de los números con estas cosas triviales del mundo de aquí abajo? Todo y nada a la vez. Nada, si persistimos en la tendencia mayoritaria de creer que la existencia humana se desenvuelve en una especie de plano horizontal homogéneo, estanco, sin vasos comunicantes con otras dimensiones del ser, remitiéndose únicamente al aspecto exterior de las cosas. La alternativa sería asumir que vivimos en un cosmos en que tanto la substancia mineral como la vida en toda su diversidad y riqueza, es decir, la vida vegetal, animal, humana y extrahumana, y por supuesto el espacio mismo, los cuerpos celestes, las fuerzas visibles y ocultas de la naturaleza, se imbrican entre sí en un orden que trasciende el significado de cada una de las partes. De ser así, resulta sencillo comprender que todo puede transformarse en símbolo. Las cosas tendrían un aspecto exterior y uno interior, generalmente oculto. La psique humana, desde este punto de vista, le permitiría al hombre penetrar en la interioridad de las cosas, de los seres, incluidos los hechos históricos.

En particular el 11 de septiembre de 1973, Chile terminó de romperse en dos. Como el Titanic, el país naufragó en las tenebrosas aguas de las pasiones humanas tras colisionar con un obstáculo insalvable: el encuentro de dos maneras de concebir la realidad, de dos almas, de dos voluntades antagónicas e irreconciliables. De alguna manera, cuatro siglos después de la primera destrucción de Santiago, volvía a presentarse en la cara de los residentes de esta tierra la diferencia infranqueable de puntos de vista, de concepciones de mundo que sirven de anclaje a la realidad de dos grupos de seres humanos que no aceptan compartir un mismo espacio vital. El conflicto, desde cierta perspectiva, más allá de los aspectos materiales del mismo, tendría un fundamento espiritual.

En 1541, los indios querían expulsar al conquistador español. Es fácil entender su motivación. En 1973, sin embargo, la cosa era más compleja: para unos, era «el pueblo oprimido» que pretendía liberarse del dominio arbitrario e injusto de sus opresores burgueses; para los otros, se trataba de defender la patria y el orden republicano contra el ataque de aquellos que, con el telón de fondo de la Guerra Fría, aspiraban a imponer en el país un totalitarismo de cuño marxista. Difícil hablar de iluminación espiritual y de consciencia en ambos casos, como no sea que la tragedia se considere una especie de gatillante para que se manifieste, en medio del enmarañado laberinto del odio y de la incomprensión, un impulso opuesto hacia la fraternidad y la luz.

Pero más allá de las desavenencias políticas, más allá de quienes celebraron la liberación y de quienes, lamentándose por su paraíso perdido, salieron al exilio o se refugiaron en la clandestinidad, durante esa lejana noche de 1973, mientras se enfriaban las cenizas de Palacio, Chile comenzó un largo peregrinaje hacia las fuentes de un caos primigenio, casi geológico, que encadena al hombre de esta tierra a una vieja maldición que clavó su agudo puñal en el corazón palpitante de la patria: la sospecha, la desconfianza, el recelo, el temor, el resentimiento. Como resultado, ya no hay más un «nosotros» vinculante y universal, sino una herida abierta que sangra cada vez que se hace patente que no queremos mirarnos a nosotros mismos.

Y es que, de tanto disfrazarnos de otros —de ingleses, alemanes, franceses, estadounidenses… o mapuches— nos olvidamos de ser lo que somos, una mezcla de todos ellos a partir de nuestra sangre y cultura española y mestiza. Porque, herederos al mismo tiempo de Valdivia y de Lautaro, somos vástagos a fin de cuentas de un paisaje y una promesa. Es sólo que la fértil provincia, para transformarse en esa copia feliz del Edén que soñaron los «libertadores», tenía que florecer en un derroche de espíritu creativo, original, síntesis de los mundos que confluyeron en su origen y su desarrollo posterior. Dicho de otro modo: ¡teníamos que aspirar a la grandeza! Se tenía que hacer la suma y recapitulación de lo mejor de unos y otros, amar al hombre del futuro que debía surgir del encuentro de los pueblos viejos.

Teníamos que haber comprendido a los astros, transformar en sabiduría los ríos de sangre que regaron nuestra historia, hacer alquimia con los símbolos e integrarlos en la vida cotidiana. En suma, teníamos que absorber nuestra sombra. Y cargar la cruz y el canelo, bendecir todas las tumbas, santificar la tierra, escuchar a los viejos, atender el llamado de los sabios, de los filósofos, de los que saben mirar adentro de las cosas.

Uno se imagina el campamento militar de 1541 hecho cenizas —ese Santiago de los primeros días, bautizado con ese nombre en honor al apóstol guerrero que, en las fantasías de los españoles, espantaba a moros e indios a uno y otro lado del océano—, y se estremece. Y luego se imagina La Moneda tras el bombardeo y descubre que, tras cuatro siglos, no hemos sido capaces de trascender la colisión de las fuerzas que nos definen.

En los difíciles días que corren debiéramos reflexionar en todo ese odio que hemos cultivado, odio venenoso, tóxico, virulento, que tras el 18 de octubre de 2019 volvió a resurgir con fuerza, como el vomitar de lava de un volcán que ha entrado en erupción, destruyéndolo todo a su paso. Sí, porque a lo largo de la historia volveremos una y otra vez a ser arrasados por ese fuego si no le ponemos coto. Es que pareciera que estamos condenados a volver cada cuarenta o cincuenta años a adentrarnos en ese fuego — ¡como si la historia fuera nuestro particular laboratorio de alquimia!— para ver si en algún bendito momento seremos capaces de trascender la dicotomía. Porque, o nos civilizamos o nos hundimos en la barbarie. O nos humanizamos o regresamos a la bestia. No hay más caminos.

En este 11 de septiembre de 2022, que nos sorprende nuevamente con un abismo abierto bajo nuestros pies, conmemoremos ambas fechas esperando que, esta vez sí, en esta colisión de fuerzas contrarias, los bandos en pugna encuentren la forma de vincularse desde adentro —porque afuera todo nos separa— para alcanzar un estado de ser más elevado. Porque, de no hacerlo, nos hundiremos irremediablemente en el caos de una guerra civil de la que ya no habrá vuelta atrás.

TROPEZAR DOS VECES
CON LA MISMA PIEDRA

Dado que el ser humano posee un órgano cerebral complejo con capacidades cognitivas muy superiores a los cerebros de las demás especies, cuesta entender las estupideces en que incurren algunos con tanta frecuencia. Por supuesto, el hombre no es la única criatura que suele tropezarse más de una vez con la misma piedra – es cosa de pensar en los toros de lidia–, pero sin duda es la más torpe de todas.

Las palabras del Génesis aluden a una presunta superioridad humana por sobre todo lo vivo. Se dice que después de encomendarles que sean fecundos, que se multipliquen y que ocupen y dominen el planeta, Dios les dijo a Adán y Eva: «ejerced dominio sobre los peces del mar, sobre las aves del cielo y sobre todo ser viviente que se mueve sobre la tierra» (Génesis 1:28). Por supuesto, desde los tiempos de la mítica primera pareja humana, el hombre fue fecundo, se multiplicó y estableció su dominio sobre los peces, las aves y el resto de los animales con que comparte el escenario terrestre, pero lo que no llegó nunca a conseguir fue ejercer dominio sobre sí mismo, sobre su voluntad, sobre sus pasiones y caprichos.

A este respecto, el *homo chilensis*, en especial la subespecie que dedica sus días la cosa pública –que algunos entienden, mal que nos pese, como la *cosa nostra*–, ofrece un amplio campo de estudio. Especialmente interesante es lo acontecido con el Acuerdo Constitucional dado a conocer el pasado 12 de diciembre. Se hace difícil creer que los firmantes tengan capacidades cerebrales que justifiquen su presunta superioridad intelectual y moral sobre el resto del reino animal, ni qué decir de sus propios votantes.

El acuerdo fue firmado por los siguientes partidos [hay que escribirlo mil veces para no olvidase nunca]: el Partido Demócrata Cristiano, el Partido Radical, el Partido Liberal, el Partido Socialista, el Partido Comunista, el Partido por la Democracia, el Partido Comunes, el Partido Federación Regionalista Verde Social, Convergencia Social, Revolución Democrática y Acción Humanista en representación de la izquierda dura y la centroizquierda; por el mismo sector están los movimientos, de izquierda y centroizquierda, Unir, Amarillos por Chile y Demócrata; por la supuesta derecha tenemos a la UDI, Renovación Nacional y Evópoli.

Estos últimos son los más «especiales» de todos puesto que tropiezan una y otra vez ya no sólo con las mismas piedras… ¡sino con las mismas rocas!

¿Qué sucedió?

Más de lo mismo. Al igual que el 15 de noviembre de 2015, fecha en que se firmó el tristemente célebre Acuerdo por la Paz y la Nueva Constitución –que marcó punto de inicio de la cruzada-a-lo-bruto contra la actual Constitución–, la clase política chilena traicionó al país imponiendo una agenda que no tiene nada que ver con los reales problemas por los que atraviesa la gran mayoría de los chilenos.

Ese 15 de noviembre firmaron, en representación del oficialismo, Renovación Nacional, Evópoli y la Unión Demócrata Independiente; por la oposición de entonces lo hicieron la Democracia Cristiana, el Partido Radical, el Partido por la Democracia, el Partido Socialista, el Partido Liberal, Revolución Democrática y el Partido Comunes. A los presidentes de estos partidos se unió, en calidad personal, el entonces diputado Gabriel Boric, que no contaba para dicha gestión con el apoyo de su propia tienda política, el Partido Convergencia Social. Esa vez, a diferencia de hoy, el Partico Comunista se restó del acuerdo.

Los nombres de Jacqueline van Rysselberghe, Mario Desbordes, Fuad Chain, Álvaro Elizalde, Heraldo Muñoz, Luis Felipe Ramos, Catalina Pérez, Hernán Larraín, Javiera Toro, Carlos Maldonado y Gabriel Boric quedarán para siempre estampados en los anales de la historia de este tiempo como agentes facilitadores de la destrucción institucional del país.

Tres años después, luego del estrepitoso fracaso de ese primer intento por imponer una Constitución a la medida de los delirios de la borra de la sociedad chilena, la pseudo derecha criolla, liderada esta vez por Javier Macaya (UDI), Francisco Chahuán (RN), Diego Schalper (RN) y Gloria Hutt (Evópolis), volvió a sentarse a la mesa de negociaciones con la izquierda dura y la centroizquierda para entregar en bandeja de plata, como si fuera la cabeza del Bautista, la Constitución de la República y, por defecto, la estabilidad institucional del país. Es decir, los mismos sectores que luego de ganar la elección presidencial de 2017 le abrieron las puertas a la revolución adoptando como propias buena parte de las categorías discursivas de su presunto adversario político –que, repetimos, ¡había sido derrotado en las urnas!–, son los que hoy, luego de la aplastante victoria del rechazo el 4 de septiembre de 2022, vuelven a bajarse los pantalones para darle la pasada a las demandas de los derrotados.

¿Se entiende esto que decimos de tropezarse con las rocas? ¿Será mera imbecilidad? ¿Son simplemente estúpidos… o hay algo más?